이명박의

흔들리지 않는

약속

이명박의

흔들리지 않는

약속

랜덤하우스

인사말

광장 잔디밭에는 사람들이 두런두런 앉아 있고, 바닥 분수는 맨발로 뛰어노는 아이들의 웃음소리가 들릴 듯했다. 저녁 6시가 다 되어갈 무렵이라 조금씩 어두어질 만도 한데 날은 조금도 저물 기색이 없었다. 그러고 보니 6월 하고도 마지막 날이니 이미 여름에 접어든 것이었다.

서울시장 퇴임식을 앞두고 사무실에 앉아 있던 나는 그야말로 만감이 교차했다. 취임에서 퇴임까지 그동안 만났던 수많은 사람들이 먼저 떠올랐다. 경영 마인드에 적응하느라 고생했던 시 공무원들, 청계천 복원 사업을 반대하던 노점상들, 버스 중앙차로 첫 시행 때 길이 더 막힌다고 아우성치던 일부 시민들….

서울 시정부를 이끄는 것은 대기업 경영과도 다르고 국회의원 활동과도 다른 일이었다. 사실은 그래서 이를 더 악물고 열심히 뛰었다. 내가 잘할 수 있는 것들을 잘 살리고 모르는 것은 배우겠다는 각오로 말이다. 다행히 이루고자 했던 일들을 어느 정도 대과 없이 마무리 지은 것 같아 조금은 안심을 했다.

서울광장에 뛰어노는 아이들을 보니 어릴 적 생각도 나고 어머니 생각도 났지만 한가한 상념도 잠시였다. 가만히 생각해보니 나는 내일부터 그야말로 공식적으로 백수 신세가 아니던가. 주변 사람들은 이 기회에 좀 쉬라고도 하고 이제 정치적 활동을 본격적으로 해야 하는 것 아니냐고 충고하기도 했다.

사람들은 곧잘 사소한 일을 따라다니느라 정작 해야 할 일을 놓치곤 한다. 나의 일상 스케줄도 돌이켜보면 참 아까운 시간을 놓쳤다고 생각하게 되는 경우가 많다. 현대 근무 시절부터 지금까지도 '지독한 일벌레'란 소리를 들으며 살아왔건만 그래도 시간은 언제나 허공으로 날아간 듯했다. 시청사에서 짐을 싸고 나오면서 나는 모처럼 생긴 이 소중한 시간을 공부하는 데 써야겠다고 마음을 굳혔다.

장부출가생불환(丈夫出家生不還).

'사나이가 집을 나서 뜻을 이루기 전에는 살아 돌아오지 않는다'는 윤봉길 의사의 말씀을 떠올리면서 나는 지난 여름 국내외 기업과 도시 탐사에 나섰다. 과문하지만 윤봉길기념사업회 회장직을 맡다 보니 감히 매헌의 철학을 자꾸 언급하게 되는데, 내가 아는 매헌은 경제, 교육, 국제 관계 이 세 가지의 중요성을 누구보다 잘 알고 몸소 실천하신 분이다. 오늘날의 국내외 상황도 당시와 비슷한 문제를 안고 있다.

만주 벌판이든 어디든 앞서간 사례들을 찾아 앞으로 100년 이상 먹고살 국가 성장동력을 찾아내는 일이 내겐 가장 시급한 과제로 보였다. 그게 무엇일까?

우리나라를 가리켜 'IT 강국'이라고 하는데 IT는 잘 알다시피 정보(Information)와 기술(Technology)의 약자다. 정보를 찾고 만들고 하는 것들을 기술로 만들어 파는 게 반도체고 이동통신 기술이라면, 내가 찾는 것은 '정보에 대한 기술'이라기보다 '기술에 대한 정보'다. 기술의 원천인 첨단과학을 육성해야 미래가 있다. 첨단과학 기술을 찾아 우리 것으로 만들어야 한다.

이 책은 서울시장 퇴임 후 국내 중소기업과 외국 첨단도시들을 찾아다니며 발로 살펴본 체험들을 묶은 것이다. 단순히 첨단과학의 도입을 주장하는 것이 아니다. '대한민국'이라는 브랜드를 세계적으로 강한 브랜드로 만들기 위해서 필요한 경제적 가치를 창출하자는 것이다. 이는 나아가 국제 관계와 통일까지 고려하여 대한민국의 미래 성장동력을 찾는 작업이 될 것이다.

국내적으로는 중소기업을 살리고 노사정이 합심해 성장과 분배를 안정시켜 일자리 문제를 해결하는 것이 급선무다. 그리고 향후 나라가 잘살기 위해선 앞을 내다보는 과학적이고 과감한 투자를 해야 할 것이다. 선진국의 과학 단지와 첨단도시들을 방문해 고찰하면서 나는 국제과학비즈니스도시와 한반도 대운하의 필요성을 내심 구체화하기 시작했다.

이제는 많은 사람들이 알고 있지만, 지금까지 내 인생이 탄탄대로를 따라 쉽게 걸어온 적은 없다. 언제나 바람 속을 걸었듯이 나는 국가의 성장동력을 찾아 또다시 도전의 길을 가려고 한다. 이것이 나 자신과 국가에 맹세한 나의 '흔들리지 않는 약속' 이다.

이 책을 내기까지 수많은 분들의 도움이 있었다. 먼저 전문적인 조언을 아끼지 않은 자문교수단 여러분께 깊은 감사의 말씀을 드린다. 김봉기 한독무역친선협회 고문과 덴(Dehn) 독일연방 전(前) 수로국장 등 많은 분들이 현지에서 크게 도움을 주셨다. 물론 답사 일지를 기록한 비서진, 그리고 나의 구술을 정리해준 김기원 작가 및 출판사 관계자 여러분이 없었다면 이 탐사 기록이 책으로 나오기 어려웠을 것이다.

2007년 2월 5일 종로 견지동에서

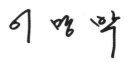

파워코리아 정책탐사 해외(유럽/일본) 일정

유럽 탐사 일정
2006년 10월 22일 ~ 28일 (7일)

❼ 헤이그
10월 27일 10:30 암스테르담 도착, 루버스 전 네덜란드 총리 면담
12:00 SER 사무총장 오찬
14:00 이준 열사 기념관 방문
16:00 교통부 장관 면담, DHV(운하전문컨설팅그룹) 면담
10월 28일 10:00 로테르담 물관리 시설 탐방

❻ 뒤셀도르프
10월 26일 09:15 뒤셀도르프 도착
10:00~ 뒤스부르크 내항 탐사

❽
10월 28일 18:35 암스테르담에서 인천으로 출발

❺ 베를린
10월 24일 22:50 베를린 도착
10월 25일 08:45 교민과 만남의 시간
10:30 메이지에르 전 동독 총리 면담
12:00 글로스 경제부 장관 오찬
15:00 우베 밀러/키르스틴 벤크 드빌트지 기자와 인
18:00 슈미트 전 총리 면담

❸ 프랑크푸르트
10월 23일 15:55 프랑크푸르트 도착
17:00 다룸슈타트 GSI 방문

❶ 파리
10월 22일 18:25 파리 도착

❹ 뉘렌베르크
10월 24일 09:28 뉘렌베르크 도착
유럽 운하 관계자 면담

❷ 제네바
10월 22일 21:10 제네바 도착
10월 23일 07:00 다보스 총재 면담
09:50 CERN 방문

❸ 도쿄
11월 10일 12:30 아베 총리 면담

❷ 쯔쿠바
11월 9일 12:00 쯔쿠바 과학도시 방문

❶ 도쿄
11월 8일 11:15 하네다 도착
　　　　　도쿄대 이동
　　　　14:00 청계천 복원과 관련한 도쿄대 초청 연설 및 토론
　　　　18:00 일본 중견기업인과의 리셉션
　　　　19:00 일본 국회의원과 대담
11월 9일 08:00 오오타 공명당 대표, 아라이 신당일본 간사장과 조찬
　　　　11:00 나카가와 히데나오 자민당 간사장과 대담

❹ 11월 10일 14:45 하네다에서 김포로 출발

일본 탐사 일정
2006년 11.8 ~ 10 (3일간)

차례

Power Korea 1
생각이 바뀌면 미래가 보인다

경제회생의 출발점 중소기업 활성화

상생을 위한 화합의 경제

생각이 바뀌면 미래가 보인다

경제회생의 출발점 **중소기업** 활성화

"토요일도 일하게 해주세요"

노숙인 문제는 어제오늘의 일이 아니다. 서울에 있는 노숙인만 해도 약 3,000여 명으로 파악된다. 복지시설과 복지사들의 수는 턱 없이 부족하다. 시장 임기가 끝나가는 시점에서 나는 새삼 노숙인 문제를 주목했다. 노숙을 면하게 할 수 있는 방법을 고민해보았지만 당장 뾰족한 수가 없었다. 그래서 그들의 목소리를 직접 들어보고자 시장 취임 후 영등포에 위치한 노숙인 쉼터를 찾았다.

쉼터는 수용 정원이 훨씬 웃도는 인원으로 붐볐다. 고단한 몸을 기대고 있는 그들 중 10여 명과 대화를 나누었다. 알콜중독자나 정신 질환자처럼 사회의 도움이 필요한 사람들이 대부분일 거라 예상

했지만 놀랍게도 공무원이었던 사람도 있었고 은행에 근무했던 사람
도 있었다. 몇 달 전만 해도 멀쩡히 직장이 있고 가정이 있었던 그들
이다.

"6개월간은 창피해서 모자를 푹 눌러쓰고 다녔어요. 밥 얻어먹을
때도 고개를 푹 숙이곤 했습니다. 하지만 6개월만 지나면 모자 다 벗
어요. 이제는 부끄럽고 뭐고 없어요."

어떤 노숙인는 하루 일과를 이렇게 이야기해주었다.

"지하도에서 자다가 아침이 되면 교회나 이런 데서 온 밥을 얻어
먹고, 노숙하다 알게 된 사람들끼리 연락해서 괜찮은 점심 나온다는
곳도 찾아다니고 그러죠. 잘 찾아보면 3,000원짜리 밥이 나오는 곳
이 있거든요."

이제껏 내가 노숙인 문제의 방향을 잘못 설정했다는 생각이 들었
다. 이들에게 있어 필요한 것은 공짜 밥과 쉼터가 아니었다. 일하고
자 하는 의욕이었다. 과거, 지독한 가난 속에서도 '잘살아보자'고 팔
을 걷어붙였던 우리 사회의 역동적인 모습이 떠올랐다. 그런데 지금
은 근로의욕 상실이라니. 근본적인 문제는 마음에 있었다.

나는 노숙인들에게 일자리를 만들어줘야겠다고 생각했다. 처음에
는 기업의 도움을 받으려 했는데 돌아온 대답이 시원찮았다. 일의 효
율성이 떨어진다는 것이 이유였다. 그래서 노숙인들을 위한 복지기
금을 활용, 기업과 서울시가 반반씩 출자해 그들의 임금을 부담하기

로 했다.

일하는 복지. 해답은 거기에 있었다. 여러 은행의 협조를 받아 이 자가 2배인 은행 계좌도 터주었다. 그리고 1,000만 원을 예금하게 되면 월세 5만 원으로 임대아파트에 살 수 있게 해주었다. 시장 직에서 떠나기 전에 그분들을 다시 만났을 때 그들은 하나같이 이런 부탁을 했다.

"시장님, 토요일에도 일하게 해주세요."

빨리 돈 벌어서 가족들과 함께 열심히 살아볼 의욕이 생겼다고 했다. 일자리가 생기니 미래를 설계할 수 있게 되었고, 그러다 보니 다시 사회에 발붙여볼 힘이 난 것이다. 일자리가 사람을 살린 셈이다.

중소기업이 살아야 경제가 산다

날이 갈수록 실업률이 높아지고 있다. 청년 실업자수는 이미 40만 명을 넘어섰다고 한다. 우리나라가 기업이었다면 이미 부도가 났을 정도다.

지금 우리에게 필요한 것은 유럽의 복지 정책을 따르는 것이 아니라 '일자리 창출'이다. 보다 많은 사람들이 일하고 활동해야 한다. 그래야 국가경제에 활력이 생긴다. 그렇다면 일자리 창출은 누가 하느냐? 바로 기업이다. 정부의 역할은 기업하기 좋은 환경을 만들어주면 된다. 이것은 누구나 다 아는 이야기다.

과거 기업에 몸담고 있었을 때 동남아시아에 가면 정부 고위 관계자들의 면담 요청이 많았다. 특히 싱가포르의 리콴유 수상이 기억난다. 그는 젊고 보잘 것 없는 나를 초대해서는 5분짜리 비디오를 보여주었는데, 첫 장면에 이런 글귀가 떠 있었다.

'싱가포르는 친기업적인 국가입니다.'

당시 싱가포르는 수상이 발 벗고 나서서 기업인들을 직접 만날 정도로 기업 유치에 적극적이었다. 우리나라에서는 좀처럼 보기 힘든 광경이다. 그렇다고 현재 정부가 국내 기업의 활동을 적극적으로 돕고 있느냐 하면, 그것도 아니다.

삼성이나 LG와 같은 대기업들은 세계로 뻗어나가 우리나라의 위상을 높이고 있다. 내버려두어도 알아서 공부 잘하는 우등생처럼 따로 신경을 쓸 필요가 없다. 학급의 평균을 올리려면 다수의 일반 학생들에게 집중해야 한다. 장학금과 보충수업 등으로 성적을 올릴 수 있는 환경을 만들어주어야 하는 것이다.

그러니까 정부가 관심을 가져야 하는 쪽은 전체 사업체 수의 99.8%를 차지하고 있는 중소기업들이다. 이들은 전체 고용의 87%를 담당하고 있다. 중소기업이 신나게 활동한다면 실업 문제는 물론 우리나라 경제가 불황에서 탈출할 것이라고 보아도 좋다.

중소기업이 살아야 우리나라 경제가 산다. 현재 수많은 중소기업이 어려움에 직면해 있다는 것은 익히 잘 알려져 있는 사실이다.

문제를 제대로 알아야 진단을 내릴 수가 있다. 그래서 서울시장 퇴임 직후 국가경제 회생을 위한 첫 단추를 전국의 중소기업 현장을 찾는 일로 정했다.

근로자를 고려하지 않은 주거 환경

2006년 8월 21일 오전, 충북 오창에 있는 과학산업단지에 도착했다. 맑은 공기와 함께 활력이 느껴지는 곳이었다.

미리 연락해둔 '메타바이오메다' 라는 기업을 가장 먼저 방문했다. 충치를 치료할 때 사용하는 치과용 근관충전재를 주로 생산해 전 세계 75개국에 수출하고 있는, 기반이 탄탄한 치과재료 업체였다. 끊임없는 기술 개발로 이제는 외과 수술용 실을 생산하는 업체로도 명성을 얻고 있다고 했다.

보기에도 흐뭇한 모범 중소기업이었다. 대표이사는 젊은 시절에 사업 실패로 인해 빚더미에 앉아 자살까지 결심한 적이 있었다고 했다.

"죽을 용기로 악착같이 살아야겠다는 모진 결심을 했습니다. 다행히 친구들의 도움과 끝까지 해보겠다는 열정으로 재기에 성공할 수 있었습니다."

비온 뒤에 땅이 굳는다고, 그는 쓰라린 경험을 통해 더욱 단단해진 기업인 중에 한 사람이었다.

2006년 8월 21일 오전
충북 오창 과학산업 단지.
우리나라 첨단산업의 현주소를
알 수 있는 곳이었다.

과거 직간접적으로 경험했던 인생의 고비를 떠올리며 단지 이곳 저곳을 둘러보았다. 입주기업 대표들, 공장 근로자들과 점심을 먹으며 여러가지 어려운 점들을 들을 수 있었다. 특히 근로자들의 주거 환경에 대한 불만이 많았다.

"외부의 투자자들로 인해 오히려 저희 같은 근로자들이 살 곳을 마련하는 데 어려움이 많습니다."

"투기지역이 돼버려 땅값이 높아지니 백화점도 없고 극장도 없는 형편입니다. 일하는 것은 좋지만 생활이 불편하다 보니 능률이 오르지 않기도 합니다."

호수공원 저편에는 아파트들이 잔뜩 들어서서 하나의 촌을 이루고 있었다. 처음 아파트 촌을 바라보며 나는 근로자들이 저곳에 집을 마련하고 있겠거니 생각했다. 과학산업을 육성시켜 충북의 경제를 활성화하기 위한 목적으로 만든 곳이니 근로자의 주거시설을 보장하는 것은 당연하다고 생각했기 때문이다.

하지만 실상은 그렇지 않다니, 이것은 마치 학교 기숙사에 돈을 더 내는 외부 주민들을 살게 하고 학생들은 바깥으로 내모는 꼴이었다. 근로자의 편의를 최대한 보장하여 주거 공간과 복지시설을 확보하는 데 노력하지 못한 정부의 행정이 아쉬웠다.

산업단지를 조성할 때 근로자를 위한 주거 · 교육 · 문화 · 공간 조성이 꼭 필요하다는 단순하지만 중요한 사실을 되새기며 단지 밖을 빠져나갔다.

"연구에만 매진하고 싶습니다"

　오후에는 한국과학기술원과 한국생명공학연구원을 둘러보았다. 우리나라가 선진국이 되기 위해서는 과학국가가 되어야 한다고 생각해왔던 터라 대덕 연구단지를 빼놓을 수 없었다.

　서울시장으로 일할 때도 2005년부터 산학연 협력 예산을 30억 원에서 1,000억 원으로 대폭 늘리고 기초과학 박사 과정 600명에게 서울과학장학생이라는 이름으로 장학금을 지원했다. 선발 과정은 모두 대학에 위임하고 지원했다. 이렇게 하는 것이 과학국가를 만드는 기틀이 된다고 보았기 때문이다. 사실 자치정부로서는 부담이 되는 금액이었지만 미래를 위해 아낌없이 투자했다.

　연구원들과 이야기를 나누면서 휴보 로봇 실험실을 둘러보았다. 커다란 유리창 안으로 휴보 로봇과 여러 가지 실험으로 분주한 연구진들의 모습이 보였다. 올해 초 토리노 동계올림픽에 전시 초청을 받기도 한 알버트 휴보를 탄생시킨 주인공들이었다.

　실험실은 건물 밖의 풍경이 다 보일 정도로 시원스러웠고 인원의 움직임에 구애받지 않을 정도로 충분히 넓었다. 실험동의 창고였던 공간을 산업자원부의 자금을 투자해 새롭게 리모델링한 것이라고 했다.

　"실험실을 새롭게 단장하고 나니 연구도 훨씬 효율적입니다."

　연구진들의 표정이 밝고 의욕에 차 보였다. 로봇 강국의 미래가 보이는 듯했다. 한편으로는 연구 지원비가 넉넉해서 다른 연구실도

2006년 8월 21일 오후, 대전 한국과학기술원.
알버트 휴보를 탄생시킨 연구원들은
연구에만 매진할 수 있도록 지원을 요청했다.

이곳처럼 리모델링할 수 있으면 좋겠다는 생각이 들었다.

　생명공학 역시 대단히 미래 지향적이고 비전이 있는 분야로 국가 경제의 중요한 성장동력이 될 만하다. 한국생명공학연구원에서는 간담회를 통해 연구원들의 자신에 찬 목소리를 들었다.

　"정부에서도 집중적인 연구 투자를 하고 있고, 그에 걸맞은 연구 성과가 나오고 있습니다. 80년대부터 시작한 투자 결실이 나오고 있는데요. 아직까지 투자 규모는 선진국에 비해 적지만 결과를 보면 생산성이 높습니다."

　하지만 여러 가지 애로점도 많았다. 한 연구원은 잠을 제대로 못 잔 듯 초췌한 얼굴로 한숨을 쉬면서 말했다.

　"기본적인 것을 책임져주신다면 아무 걱정 없이 연구에만 몰두할 수 있을 것 같은데요. 지금은 입에 풀칠해야 하니까 보따리 싸서 프로젝트 따려고 뛰어다니느라 정작 연구에 들이는 시간이 부족합니다."

　"정년도 65세에서 61세로 낮춰졌고 연금 문제도 걸립니다."

　'연구에 매진하고 싶다', 하나같이 그것이 소원이라고 했다. 해마다 수많은 인재들이 한·의과대학 시험을 위해 연구실을 떠난다며 이공계의 현실을 통탄하던 교수님들의 이야기가 떠올랐다.

　과학기술 분야에 인재들이 부족하다면 국가의 미래는 밝을 수가 없다. 마음놓고 공부하고 연구할 수 있는 환경을 만들어주어야 하는 문제가 시급했다. 분명히 엉뚱한 곳에 낭비되고 있는 예산이 있을 것이라는 생각과 연구원들의 소원을 당장 들어줄 수 없는 현실이 안타까웠다.

　마지막으로 아리랑 2호를 성공적으로 쏘아올린 한국항공우주연구원을 들렀다. 아리랑 2호는 국민 12만 1,092명의 이름과 사진을 담은 인명 칩을 탑재해 우주 강국을 향한 염원을 담은 자랑스러운 우리 위성이다. 우리 연구진들의 주도로 개발했다는 것도 의의가 있는데다 고해상도 카메라로 위성산업이 선진국 대열에 낄 수 있게 된 계기가 되기도 했다.

　연구진들은 다들 젊었다. 평균나이가 서른여덟이라고 했다. 그야말로 우주에 미쳐 있는 사람들 같았다.

　"여기서 살다시피 합니다. 할 일도 많고 다른 곳에 신경 쓸 시간도 불평할 시간도 없을 정도입니다."

　이러한 열의가 성과를 만들어낸 것이다. 연구진들이 너무 자랑스러워 다들 한 번씩 안아주고 싶을 정도였다.

　위성을 시험해보는 시설에 들어갔는데 대형 태극기가 걸려 있었다. 나의 마음을 읽기라도 했는지 단장이 설명해주었다.

　"하도 서러워서 큰 태극기를 걸었습니다."

　기술을 이전받으러 외국에 가면 서류 한 장도 제대로 안 보여주려고 하고 텃세가 심해서 서러운 적이 한두 번이 아니었다고 했다.

　"하루라도 빨리 우리 기술을 개척하겠다는 결의로 걸었습니다. 외국 나가서도 제일 먼저 태극기부터 꺼내서 책상 위에 꽂아두고 일합니다."

그 말에 나도 목이 메었다. 우리나라가 하루라도 빨리 강국이 되어야 한다고, 그래서 다른 나라 앞에서 언제나 당당할 수 있어야 한다는 생각이 들었다.

이름 없는 애국자들

중소기업 현장 방문 둘째 날(2006년 8월 22일)에는 서울의 과밀한 인구와 공장을 분산시키기 위한 목적으로 설립된 반월시화산업단지를 방문했다. 이곳은 2005년 말 현재 7,490개 업체가 입주해 17만 명이 일하는 국내 최대 중소기업 집적단지로 일자리 창출에 큰 부분을 기여하고 있었다.

공단 관계자와 기업 대표들의 안내를 받으며 일정을 서둘렀다. 둘러볼 곳은 많고 들어야 할 이야기도 많은데 시간이 빠듯했다.

산업 포장용 대강, 철 밴드를 생산하는 철강 업체와 자동차용 부품을 생산하고 있는 공장을 방문해 생산 공정을 살펴보았다. 직원이 9명 이하인 소기업도 많았다.

무한 경쟁이 벌어지는 시장경제 사회에서 규모가 작으면 그만큼 지원을 받는 것도 경쟁을 하는 것도 몇 배로 어려움을 겪게 마련이다. 소기업 사장님들의 얼굴을 보면서 '이런 분들이 정말 애국자다', '자랑스러운 한국인이다'라고 생각했다.

"열심히 하고 있습니다."

한국말이 제법 자연스러운 외국인 근로자도 많았다. 정부가 외국인 고용을 합법화한 이후로 일정한 자격을 갖춘 외국인들이 많이 들어왔다고 했다.

"잠깐 일하다 그만두고, 다시 뽑으면 또 그만두고 그래서 인력 보충을 하는 데 애를 많이 먹었습니다. 우리나라 젊은 사람들 중에는 궂은일을 하려는 사람이 별로 없으니까요."

서울만 해도 직업을 구하려는 사람들로 넘쳐나는데 이곳에는 사람이 없다니, 이런 불합리한 구조가 어디 있을까?

"그나마 입사한 외국인 근로자들이 다들 의욕에 차 있어서 많은 도움이 됩니다. 하지만 체류 기간이 3년밖에 되지 않아 재고용하려면 본국으로 다시 보내고 한 달을 기다려야 합니다."

말을 익히고 일이 손에 붙나 싶으면 또 보내고 또 보내고 해야 한다는 것이다.

'외국인 근로자라도 별 제약 없이 고용할 수 있어야 기업이 돌아가는 데 무리가 없을텐데….'

예전보다 나아지긴 했지만 현행 제도가 허용하는 범위 안에서도 힘든 부분이 적지 않았다.

"5년 정도만 더 늘려주셔도 좋을 것 같습니다."

고민이 한층 두꺼워졌다.

관계자들과 점심을 먹고 나오는데 비어 있는 공장 부지가 눈에 들어왔다.

"휑하게 비어 있는 저 부지는 뭡니까? 새로운 공장이 들어서나 보죠?"

하지만 의외의 대답이 나왔다.

"염색 공장들이 있었던 곳입니다. 요즘 워낙 염색업이 힘들다 보니…."

2006년 8월 22일, 반월 시화 산업단지.
어려운 여건 속에서도 열정를 다 바쳐 일하는 기업인, 근로자들을 보며 깊은 감명을 받았다.

그들의 얼굴이 잠시 어두워졌다.

"1년 열심히 일해봐야 얼마 남지도 않습니다. 반대로 땅값이 계속 오르다 보니 부동산으로 업종을 바꾸는 경우가 종종 있습니다."

제조업은 발로 뛰고 골머리를 앓으면서 노력해보았자 이익이 적으니 부동산 사업으로 임대료나 받는 것이 훨씬 낫다고들 판단하는 것이다. 이러한 상황에서 어떻게 그들에게 '그래도 기업하자, 제조업하자'라고 말할 수 있을까? 몇십 년을 몸 바쳐온 공장과 기업을 단 하루 만에 허물어야 하는 그들의 마음도 결코 편하지는 않았을 것이다.

"부동산으로 업종을 바꿀 수도 없는 영세기업은 형편이 더 어렵습니다. 그냥 죽기 살기로 버티는 것이지요."

'죽기 살기로 한다', 현재 대한민국의 중소기업인들이 가슴에 품고 있는 말은 바로 이것일 것이다.

'인생을 바쳐서 하고 있는 일이다. 환경은 너무나 척박하고 미래도 불투명하다. 하지만 죽기 살기로 연구하고 영업하고 회사를 운영하고 있다.'

그런 이들이 있어 우리나라가 살 수 있는 것이다. 그들이야말로 이름 없는 애국자들이다.

이날의 마지막 일정으로 280여 명의 안산지역 기업인들 앞에서 강연회를 가졌다. 불신과 무관심으로 가득 찬 이 사회에서 아직도 열심히 사는 삶의 소중함을 믿는 사람들에게 어떻게든 희망을 주고 싶었다.

"최소한 2명이라도 종업원을 고용하는 기업인은 존경받아야 하는 애국자입니다. 전체 고용의 50% 이상을 책임지고 있는 중소기업이 잘되는 것이 일자리를 해결하는 길입니다."

강연 후 한 기업인은 이런 질문을 했다.

"기업인들에게 '기(氣)'를 줄 수 있는 방안이 없습니까?"

구체적인 방안을 당장에 제시할 수 없다는 것이 안타까웠다. 그러나 나는 목소리에 힘을 실어 답했다.

"역시 기 중의 최고는 오기입니다. 대한민국 사람은 오기로 삽니다. 오기를 갖고 끝까지 물고 늘어진 기업이 살아남습니다."

'오기'라는 두 자에 공감을 얻은 탓인지 청중들로부터 박수 소리가 터져 나왔다.

사양산업은 없다

2006년 8월 23일, 일정 사흘째 날 대구 염색공단을 방문했다. 대구는 오랜 세월 우리나라의 섬유산업을 책임져온 곳이다. 국내 최대 규모의 단지에 걸맞게 공단은 연구소와 발전소, 공장들이 위풍당당한 자태로 들어서 있었다.

이탈리아의 패션도시 밀라노를 벤치마킹하여 동양의 밀라노를 목표로 한 프로젝트를 진행 중이라는 사실은 익히 알고 있었다. 패션은 세계적인 문화산업이다. 그래서 밀라노와 같은 패션도시는 그 문화를 향유하고자 하는 수많은 세계인들이 방문하는 곳이고 거기에 관련한 산업들로 인력과 물류가 활발히 이동하는 곳이기도 하다.

대구가 동양의 밀라노가 된다는 것은 정말 멋진 일이다. 하지만 연구소장, 기업인들과 간담회를 가지면서 밀라노를 향한 여정에 걸림돌이 많다는 것을 알 수 있었다.

"섬유는 대한민국의 주축이고 대한민국을 먹여 살려온 대표 산업입니다. 수출 흑자 면에서도 섬유가 여전히 전자보다도 앞서는데 이

2006년 8월 23일, 대구 염색공단.
섬유는 여전히 우리 수출의 효자 상품이다.
섬유산업의 재도약을 위해 정부차원의 투자와 관심이 절실하다.

러한 중요 산업을 괄시한다는 것은 말이 안 됩니다."

한 연구소 관계자는 흥분한 목소리로 말을 꺼냈다.

"지난 3~4월 동안 중견 염색 업체 네 곳이 잇따라 도산했습니다. 다른 지역과의 경쟁과 중국, 인도 등지와의 가격 경쟁 등으로 국내 최대 섬유 집적지로서의 위상이 많이 낮아진 상태입니다."

그동안 어떻게 참아왔는지, 간담회는 곧 성토대회가 되었다. 애로점은 한두 가지가 아니었다. 연구소는 첨단생산 기술을 적극적으로 개발해 세계적인 수준에 도달했는데도 기업체가 시설이 없어 이를 적용시키지 못하고 있다는 이야기를 시작으로 정부의 지원이 아쉽다는 이야기가 가장 많았다.

"지난 10년간 정부에서 정책자금을 지원하지 않아 업체들이 시설 투자를 하지 못했습니다. 과거에는 시설자금 융자 시 기계를 100% 담보로 인정했는데 지금은 금융기관에서 담보로 인정해주지도 않습니다."

"일본의 경우는 시설 투자를 위해 융자를 받으면 연리 1%로 20년 분할의 파격적인 조건으로 주는데 우리는 근로자 주택 관련 융자 조건보다 훨씬 힘든 조건으로 줍니다."

한 기업인은 주택 문제에 집중되어 있는 현 정부의 정책을 꼬집어 이야기하기도 했다.

"주택은 천지 빼까리(경상도 사투리로 아주 많다는 뜻)로 많으니 기업에 대한 융자 조건을 더 우대해주시기 바랍니다."

섬유산업이 전자·통신산업에 비해 사양산업이라는 인식 때문에 고부가가치산업으로 전환되지 못해서 이런 문제가 계속 생기는 것이다.

이탈리아나 프랑스, 독일, 일본과 같은 나라도 섬유산업으로 부를 쌓았고 지금도 섬유산업의 선발주자로 자리매김하고 있다. 의복은 여전히 사람이 살아가는 데 필요한 기본조건이고 옷의 역사는 한 번도 쇠한 적이 없다. 그리고 옷에 대한 관심은 갈수록 높아지고 있다. 공장에서 재봉틀 돌리던 과거의 그림만 기억해서는 안 된다.

사실 끊임없이 연구하고 개발하면 모든 산업이 첨단산업이고 우리나라 대표 주력산업이 될 수 있다. 구태의연한 정부의 시각과 더불어 사람들의 전반적인 인식이 아쉬웠다. 그리고 무엇보다 섬유산업 종사자들의 기가 죽어 있다는 사실에 걱정이 쌓여갔다.

"일관성 있는 지원이 뒷받침된다면 지금의 어려운 고비를 이겨낼 수 있습니다. 동양의 밀라노가 될 때까지 포기하지 맙시다."

내가 해줄 수 있는 말은 그것이 다였다.

'장이'가 대접받는 사회

28일 오전, 창원 기계공단에 도착했다. 우리나라 최고의 기계공단에 왔다는 흥분감보다도 씁쓸한 기분이 앞섰다. 신문을 통해 '바다이야기' 사건을 접했기 때문이다. '바다이야기'로 피폐해진 사람은 다름 아닌 서민들이다. 열심히 일해서 찾는 행복의 가치를 퇴색하게 만든 사건이었다. 우리 사회가 열심히 사는 사람은 손해를 보고 한탕을 노리는 사람이 대접을 받는 사회로 가고 있는 것 같아 마음이 더욱 무거웠다. '바다이야기' 기계 몇백 대만 가져다놓으면 일확천금할 수 있는데 누가 힘들게 기업하려 들 것인가? 오늘은 기업인들을 만나서 무슨 이야기를 어떻게 해야 할까?

간담회에는 지역 기업인들이 많이 모여 있었다. 대구와 마찬가지로 모두들 할 말이 많다는 표정이었다.

"규제가 완화되어야 합니다. 특히 부지 부분에 있어서 말입니다. 공업지역이 아닌 지역에서 공장을 하려면 거쳐야 하는 서류만 27가지입니다. 이번에 '사전 환경성 평가'라는 것이 하나 더 추가되었지요. 검토해서 될지 안 될지도 모르는데 검토하는 데만 시간이 2주일 이상, 비용은 1억 원 이상 드는 경우도 있습니다. 검토하다 안 되는 것으로 판정나면 타격이 너무 큽니다. 그래서 검토하는 것 자체가 두렵습니다."

서류, 절차, 검토. 기업인들의 발목을 잡는 이 고질적인 문제는 과거부터 있어왔다.

예전 현대에 근무할 시절, 울산에서 조선소를 만들기 위해 당시 서울운동장 3배 크기의 독(dock)에 물을 채우는데 정부에서는 그 독에 물을 채우는 것이 목욕탕에 물을 채우는 것과 같은 일로 이해하고 있었다. 그래서 목욕탕 물값을 적용하려 드는 것이었다. 얼마나 황당

했는지 모른다. 그 규정을 바꾸는 데만 2년이 걸렸었다.

정책자들이 손톱만큼만 이해하고 양보하면 기업은 팔뚝만한 도움을 받을 수 있는데도 불구하고 정부는 손톱에 작은 상처를 입지 않으려고 기업인들에게 팔뚝만한, 몸통만한 손해를 주는 경우가 많았다.

토지 운영에 있어서도 생각해봐야 할 부분이 많다. 들어오는 기업도 없는데 무조건 공단부터 만들어놓고 땅값만 높이고 있는 곳이 한두 군데인가. 그러면서 정작 기업이 원하는 곳의 부지는 높은 땅값 때문에 분양을 못 하고 있다. 기업들의 요구에 맞춰 부지를 선택하고 땅값을 책정하는 것은 정부가 책임지고 손을 대야 하는 부분이다.

"직업윤리관이 파괴되고 있는 것 같습니다. 저도 자식이 있는데 제 책임도 크다고 생각합니다. 대학 도서관에 가보면 다들 공무원 시험을 준비합니다. 그러고는 중소기업에 들어가는 것을 꺼립니다. 실업자들이 넘쳐난다는데 정작 우리 회사에는 직원이 없어서 걱정이에요. 인도네시아 공업고등학교, 베트남 공업고등학교를 우리가 현지에다 만들어서 그쪽 젊은이들을 데려다 쓰는 것이 낫다 싶을 정도입니다. 다들 대학 가서 뭐 합니까?"

정말 폐부를 찌르는 발언이었다. 자기 적성에 맞는 일을 찾아 열심히 하는 것이 중요한데 사회 분위기는 그렇지 못한 것이 사실이다. 대학 안 나온 것이, 제조업에 종사하는 것이 부끄러운 일이 되는 어처구니없는 현실이다. 이 땅에 대학은 너무 많고 대학을 나온 사람들은 '대학까지 나왔으므로' 기술직이나 제조업을 기피한다. 이 얼마나 어리석은 생각인가.

직업윤리에 대한 문제를 꺼냈던 그 기업인은 마지막에 이런 말을 했다.

"정말 '장이'가 대접받는 사회, 열심히 일해서 땀 흘리며 사는 것의 가치를 가르치는 그런 교육이 이루어지면 좋겠습니다."

미장이 일의 달인이 심장수술의 최고 전문의와 동등한 대우를 받는 사회가 된다면 일자리 때문에 괴로워하는 사람도 없을 것이고, 기업인들의 얼굴이 지금처럼 어두울 일도 없을 것이다. 그리고 우리나라의 행복지수도 지금보다 몇 배나 오를 것이다.

기업을 살릴 수 있는 환경과 지원이 시급하다. 하지만 인식을 바꾸는 일 역시 무엇보다 시급하다. 넘어야 하는 산이 많았다. 지는 해를 바라보며 다음 일정을 위해 걸음을 재촉했다.

실패 안 해본 사람치고 잘되는 사람 없다

산업 비전 탐사를 시작한 지 일주일이 넘었다. 오창에서 시작해 부산까지 왔다. 신평 장림공단을 둘러보고 기업인들과 간담회를 가졌다.

"규제를 좀 풀어주십시오."

"대기업 등쌀에 시달리고 인력도 부족하고, 딱 죽겠십니더."

부산이라고 다르겠는가. 그들의 어려움도 오창, 안산, 대구, 창원

지역의 기업인들과 같았다.

중소기업인들과 농업인들, 교육자들을 계속해서 만나오고 있지만 그 어느 분들도 '잘되고 있다', '희망이 있다'고 말하는 사람은 없었다. 현장을 다니면 다닐수록 더 답답해졌다. 특히 지방 중소도시의 상황은 심각했다. 인구는 계속 줄고 일자리는 없기 때문이다. 모든 국민이 함께 다시 분발할 때이고, 실마리는 역시 기업에서 찾아야 한다는 판단이 굳어졌다.

다음으로 찾은 울산은 대기업 노조 파업과 관련한 어려움이 컸다.

"1년 동안 열심히 잘해나가다가도 노사분규 한 번 나면 도루묵이 됩니다."

"노조가 파업하면 납품을 못 하니 모든 운영이 정지가 됩니다. 이런 피해는 누가 보상해줍니까?"

국가가 할 수 있는 것은 직접적인 지원도 물론 있지만, 법을 지키고 원칙을 세우는 것이 가장 좋은 해결책이다.

'대기업 노사 문제로 인한 피해.'

메모지에 이 열두 자를 적어 넣었다.

구미는 박정희 대통령이 집권하던 때부터 대표적인 전자도시로 성장했다. 구미 산업단지는 지금까지도 대한민국 수출과 경제의 큰 역할을 하고 있다. 특히 디스플레이와 모바일 분야는 세계적인 수준이다.

"2018년까지 대덕, 대구, 포항과 함께 실리콘밸리를 추월하는 광역 클러스터를 만들 예정입니다."

포부 역시 야심찼다. 오래된 전통을 가지고 활기찬 기업 활동을 하고 있는 것만큼 간담회의 분위기도 그 어느 도시보다 뜨거웠다.

"핵심은 기술인력인데 기술인력이 부족합니다. 대부분 서울에 있고 지방에 안 내려오려 하는데, 내려오더라도 대기업으로 다 갑니다. 중소기업이 고급 인력을 스카우트하는 것이 사실상 불가능합니다. 게다가 최근에는 3년 동안 양성한 인력들이 다 공무원이 되었습니다. 봉급도 적지 않다 보니 작년에는 중소기업을 지원한다는 공사에서 오히려 120여 명의 기술자들을 다 데려갔습니다."

뜻밖의 일이었다. 인력이 가장 아쉬운 곳은 중소기업이 아닌가. 중소기업을 지원하기 위한 것이라는 명목으로 숙련된 인력들이 공기업으로 가다니, 피해를 감수해야 하는 것은 또 중소기업이었다.

고학력 인플레이션 문제도 다시 거론되었다. 한 기업인이 들려준 생생한 예는 그 자리에 있던 모든 사람들의 공감을 크게 얻었다.

"몇 년 전에 구미공고 교장선생님이 은퇴하시면서 저를 부르셨습니다. 오랫동안 인연을 맺어서 구미공고 출신 학생들을 많이 채용했거든요. 그분 말씀이 전 학생들을 다 모을 테니 강연을 해달라는 겁니다. 대학에 가지 말고 산업 현장에서 일하라고 말이죠. 학비는 수천만 원이 들 텐데 가방만 들고 다니면서 낮잠 자다가 졸업장 받을 것 같다고요. … 요즘 공고 학생들은 무조건 넥타이 매고 사무실에서 일해야 한다고 생각해요. 그러니 조선소 현장에서 용접공 최소 나이가 거의 40대가 되는 겁니다. 새로운 세대가 나와서 배울 생각을

2006년 8월 30일, 구미 박정희 전 대통령 생가.

'한강의 기적'을 이끈

박 전 대통령의 비전과 열정을

되새기는 시간을 가졌다.

안 하니 기능 전수가 단절되는 일이 생기는 거지요.”

인력 부족 문제는 결국 교육 문제로 들어갔다.

실업계 고등학교를 아예 산업단지 내에 만들어서 학교와 산업체가 지속적으로 연결될 수 있게 해야 한다. 거기에 입학한 학생들은 국가에서 무료로 공부를 시켜주고, 공부하는 과정에서 산업연수를 마치게 하는 것이다. 그렇게 하면 일찍부터 전문가가 되고 산업 현장에서 일하는 자부심도 느끼게 되지 않을까?

모범이 될 만한 일꾼을 여러 매스컴을 통해 소개해 스타처럼 만드는 것도 하나의 방법이 될 수 있을 것이다. 스타 요리사의 영향으로 요리사를 지망하는 사람들이 늘어나고 프로게이머가 스타가 되어 프로게이머에 대한 관심이 높아지는 것처럼 말이다.

WTO 시대에 들어서서 정부의 직접적인 지원은 불가한 형편이다. 하지만 다양하고 창의적인 정책들로 그 해법을 찾아야 할 것이다.

LCD를 제작하는 소규모 업체의 한 기업인은 대기업의 횡포도 만만치 않다는 이야기를 꺼냈다.

“대기업과는 협력 업체라기보다는 오히려 종속 관계입니다. 불만이 커진 부분은 단가 문제입니다. 대기업에서 단가를 낮추는 일이 왕왕 있습니다. 단가를 칼질한다고 해 그것을 속칭 ‘사무라이’라고 부르는데 단가를 깎는 명분이 없고 객관성이 없습니다. 건설의 품셈 표처럼 기준으로 두어야 할 제도가 있어야 합니다.”

대기업에게 받는 설움에 대해 듣다보니 문득 옛날 생각이 났다. 내가 입사할 당시 현대는 규모가 작은 편에 속했다. 큰 회사를 따라다니며 납품하는 일이 많았는데, 비참했던 적이 한두 번이 아니었다. 동등한 파트너라기보다는 아랫사람이 된 것 같은 기분이 들고는 했다.

납품하는 회사가 정해지면 경쟁하는 다른 회사에는 납품할 수가 없다고 한다. 개발한 하나의 기술을 삼성에 납품하고 현대에 납품하고 LG에도 납품하면 좋을 텐데 그것이 허용되지 않는 것이 우리나라의 기업 풍토였다.

모든 중소기업은 대기업이 되고자 한다. 설움을 겪고 싶지 않기 때문이다. 하지만 이제는 규모가 중요한 시대가 아니다. 얼마나 고급의 지식과 기술을 가졌는지가 중요한 시대다. 과거에는 대기업들이 정보를 독점했지만 지금은 정보가 무한 개방되어 있다. 그래서 중소기업이 세계적인 기업으로 발전할 수 있는 가능성은 얼마든지 있다. 거래를 수주하고 납품할 곳이 이제 엄청나게 많아지는 것이다.

"실패를 안 한 사람치고 잘되는 사람을 본 적이 없습니다. 실패 속에서 그만큼의 노하우들이 축적되니까요. 내가 기업에 있을 때도 포기를 모르는 사람이 꼭 성공을 하더라고요. 포기하지 말고 끝까지 합시다. 좋은 세월이 올 겁니다."

이곳에서도 역시 포기하지 말라는 말로 연설을 마무리 지었다.

중소기업이 살아야 한다

2006년 9월 19일과 20일 양일간 광주 하남공단부터 시작해서 호남지역 공단들을 방문했다.

호남지역은 그동안의 경제발전 과정에서 호남이 소외된 데에 대한 불만이 강했다. 호남 쪽이 성장하기 위해서는 국가 전체적인 밑그림이 필요했다.

전국을 돌아서 도착한 영암 대불단지. 이곳에는 기업을 위한 산업 기반시설이 시급했다.

단지 내로 들어가 이동하던 차가 잠시 멈추어 섰다. 선박 기자재를 실은 대형 트레일러가 코너를 돌고 있었기 때문이다. 시간이 지나치게 걸린다 싶어 창밖을 내다보니 이상한 광경이 펼쳐져 있었다. 도로의 폭이 트레일러의 크기를 감당하지 못하는 데다가 중앙분리대가 버티고 있어 차체가 도로 밖을 벗어나 전신주를 아슬아슬하게 피하며 느리게 움직이고 있었던 것이다.

간담회가 시작되면서 이 광경의 속사정을 알 수 있었다. 한동안 입주하는 기업이 없어 허허벌판이던 이곳에 조선공업의 호황으로 선박용 부품을 생산하는 기업이 많이 들어섰다. 하지만 공단이 처음 생길 때는 자동차 공장들이 들어설 것으로 예상했기 때문에 도로를 산업전용이 아닌 일반 도로로 만들었던 것이다.

답답한 것은 트레일러가 움직이다 도로나 전신주가 훼손되면 그

보상은 기업이 해야 한다는 것이었다. 결국 돈이 문제였다. 도로를 뜯자니 공사비가 너무 들고, 전신주를 땅으로 보내자니 한전에서 골치 아파 했다. 공장은 돌아가야 하는데 이대로 둘 수도 없는 일이었다.

조선업을 하는 기업들의 불만은 여기서 끝나지 않았다.

"대불항으로 진입하기 위해서는 다리를 건너야 하는데 6개 다리의 제한 무게가 40톤입니다. 600톤 정도가 건너야 하는데 40톤이면 어떡해야 합니까? 안전에 위협을 받으면서 일하고 있는 실정입니다. 다리 보강 공사도 시급합니다."

"보통 부산에서 원자재가 오는데 물류비용이 너무 많이 듭니다. 경남지역과 비교되니까 지역감정도 유발되고요. 일본의 경우는 바로 바지선(barge船)이 들어오게 되어 있습니다. 공단도 해상을 바로 끼고 있어서 크레인으로 싣고 나르니까 비용이 굉장히 절감됩니다. 대불은 부두에 크레인도 제대로 없으니 환경이 열악해도 너무 열악합니다."

듣고 있자니 화가 날 지경이었다. 회사 운영을 하라는 말인가, 말라는 말인가? 전라남도의 기업 유치로 거둔 성과가 무색해졌다. 휑한 공단 부지에 기업들이 여럿 들어섰다고 손을 털고 있을 수는 없었다. 조선업이 불황이라도 맞게 된다면 큰 문제가 아닐 수 없다.

지방 공단을 지원하는 것을 몇 군데 기업을 도와주는 것으로 생각하니 이런 일이 생기는 것이다. 나무만 보고 숲을 못 보는 처사였다. 기업과 공단이 잘 운영되도록 돕는 것은 국가의 산업을 육성하는 일이다.

'전선을 지하에 묻어달라, 교량 좀 보강해달라', 같은 이런 요구들은 고심할 필요도 없는 작은 일이다. 산업정책 전반을 어떻게 해달라는 버거운 문제가 아닌 것이다. 꼭 필요한 일들에 대한 행정 처리가 막혀 있는 상황에서 중소기업을 살려야 한다는 주장은 어불성설이다.

어찌나 답답하던지 나는 공단 지사장에게 언성을 높여 말했다.

"이렇게 간단한 부분이 해결 안 된다는 소리는 처음 들었습니다. 정부가 하든지 영암이 하든지 해결해줘야 하지 않겠습니까? 6개월이면 해결할 수 있는 일로 매일 불편을 겪고 있다니 안타깝습니다."

국가를 살리려면 기업을 살려야 한다. 왜 이 단순한 사실을 간과하고 마는 것일까? 다른 지역에서 일정을 소화하는 동안에도 나는 웃는 낯을 하고 있을 수가 없었다.

"중소기업은 열정 없으면 못 합니다"

살기가 힘들다는 이야기가 곳곳에서 터져 나온다. 소득 1만 달러 시대로 접어든 지가 이미 10년을 넘어서고 있다. 언제 3만 달러, 4만 달러가 될 것인가? 가장 큰 문제는 젊은 사람들의 일자리가 없다는 것이다. 일자리가 없어 실의에 빠지고 목숨까지 끊는 극단적인 상황이 심심치 않게 벌어지는 것이 지금의 현실이다.

왜 일자리가 부족할까? 기업들이 사람들을 안 뽑는 것일까? 오히려 우리나라 대부분의 고용을 담당하는 중소기업들은 일할 사람이 없다고 아우성이다. 전국의 공단들이 하나같이 인력이 부족하다는 고민을 털어놓았다.

이는 교육 문제이고, 삐뚤어진 직업윤리 문제다. 이 땅의 젊은이들은 대학에 들어가서 대기업 직원이나 공무원이 되어야겠다는 똑같은 생각들을 한다. 기술을 배우는 것이 적성에 맞는 실업계 고등학교 학생들도 산업 현장에 투입되기보다는 무조건 대학에 진학하고자 한다. 사람들이 한쪽으로만 몰려 있어 자리가 없다고 아우성인 배와 같다. 이대로 가다가는 배가 침몰할 위험에 처하게 될 것이다. 이런 위험을 방지하기 위해서는 교육을 하고 사회의 인식을 변화시키는 것이 시급하다.

그리고 여전히 해결되지 않는 것이 '기업하기 좋은 여건'이다. 현 상황에서는 중소기업과 대기업은 동등한 위치에서 상생하기가 힘들다. 대기업에서 노조 문제가 조금만 생겨도 나비효과가 되어 중소기업의 운영에 타격을 준다.

여러 가지 규제로 인해 필요한 곳에 부지를 가질 수 없고 기반시설이 부족한 곳도 많다. 물류비용에 연구비용도 만만치 않다. 그래서 중국이나 인도와의 단가 경쟁에서 밀린다. 이것이 기업들의 두드러진 애로사항이다.

책상에 앉아서 중소기업을 살릴 방안을 짜내고 프로젝트를 준비하는 것도 좋지만 당장에 해결할 일은 현장의 목소리를 듣는 것이다. 그리고 두 발 벗고 나서서 돕는 것이다. 물론 그 도움은 WTO 시대에 저촉되지 않는 세련된 정책이어야 한다.

지방의 한 공단이 안전한 운송을 위해 다리를 보강해달라는 요구를 했다고 하자. 다리를 보강하는 일 자체는 조그마한 동네에서 가로등 하나 세워달라는 소리 정도로 들릴지도 모른다. 그런 시각에서 보면 이 일은 우선순위에서 한참 멀어진다.

하지만 다리를 보강하는 일은 그 공단의 업무를 훨씬 효율적으로 만드는 일이다. 나아가 공단을 번영하게 만들고, 산업을 일으키는 일로 발전할 수 있다. 이로 인해 일자리를 창출하고 외화를 벌어들일 것이다.

중소기업을 살리는 것은 우리나라의 경제를 살리는 것이고, 나아가 우리나라를 일으키는 일이다. 구미의 한 기업인은 울분을 토하며 말했다.

"왜 제조업을 했는지 땅을 치고 후회합니다. 제 자식이 제조업을 한다고 하면 말릴 겁니다."

이것이 대한민국의 기업 현실이다. 슬프고 답답한 현실이다.

그래도 아직은 많은 기업인들이 열정을 다해 일에 매달리고 있다. 연구하고 기술을 개발하고 제품을 세계로 수출한다. 적은 수의 직원들을 데리고도 최선을 다해 회사를 운영하는 곳도 많다. 나는 이러한 모습에서 대한민국의 희망을 발견한다.

"중소기업은 열정 없으면 못 합니다. 돈 때문에 하는 게 아니고요, 열정 때문에 하는 겁니다. 열정 있는 사람이 열심히 일에 매달릴 수 있는 문화를 만들어주시면 좋겠습니다."

오창에서 만난 한 기업인의 말을 오늘도 가슴에 되새겨본다.

상생을 위한 **화합**의 **경제**

노사 문제의 해법을 찾아서

전국의 산업단지들을 방문하면서 여러 중소기업 종사자들을 만났
다. 그들은 저마다의 어려움을 호소했다. 그 어려움들로는 인력 부
족, 산업기반시설 부족, 정부 규제 등 여러 가지가 있었지만 대기업
과의 관계에서 오는 문제도 큰 부분을 차지했다. 무엇보다 기업인들
은 연례행사처럼 터지는 대기업의 노조 파업을 대기업으로부터 얻는
피해 중 최고로 꼽았다.

'우리나라 노조 파업은 과연 정당한 것일까?'

2006년 7월, 현대자동차 노동조합이 파업을 선언했다는 소식을
들었다. 그 당시는 현대자동차의 기업총수인 정몽구 회장이 구속된

상태였다. 기업의 총수가 자리를 비우고 회사가 어수선한 상황에서 꼭 파업을 해야만 하는지 납득이 가지 않았다.

현대자동차 노조원들의 임금은 미국 현지법인 근로자들보다 대략 1만 달러가 더 많았다. 무엇이 시급하게 부족하고 불만이라는 말인가? 그들의 배부른 파업으로 중소기업들은 큰 타격을 입는다. 묵묵히 열심히 일하던 중소기업 근로자들이 그 피해를 보는 것이다.

내가 노동자였던 1960~1970년대에는 업주 측이 불법적인 일을 많이 했다. 그때는 노조를 꾸리고 파업을 하는 것이 생존과 인권을 위한 길이었다. 하지만 지금은 노동자들이 때때로 불법 파업까지 하면서 무리한 일을 요구하는 경우가 많아졌다. 양쪽이 그런 실수를 하면서 성숙하는 것이고, 이제는 양쪽 모두 성숙할 때가 되었다고 본다.

노사 문제를 대표로 현재 우리 사회에는 서로 다른 입장들이 격렬히 충돌하는 경우가 많다. 환경과 개발, 보수와 진보를 그 예로 들 수 있을 것이다. 비근한 예로 천성산을 지키기 위해 단식 투쟁을 했던 지율스님을 들 수 있다.

70년대처럼 개발을 밀어붙이기만 하는 입장은 정말 곤란하다. 하지만 개발 사업을 하나의 '악행'으로 보고 그것과 맞서기 위해 목숨까지 거는 것은 너무 극단적인 일이 아닐까? 천성산 터널 공사의 경우도 많은 사람들이 일자리를 얻을 수 있고 경제에 활력이 된다는 긍정적 측면이 분명히 있는 것이다. 이렇듯 두 의견이 대립할 경우 두 입장의 중간 지대를 찾기 위해 노력해야 한다.

개발은 환경과 꼭 대척점에 있는 것은 아니다. 인간은 살면서 환경을 파괴하게 된다. 하지만 개발은 인간이 편리하게 살도록 환경을 정비하는 역할을 한다. 아무런 계획 없이 자연 자원을 소모하기만 하는 것이 아니라 보존할 부분과 소비할 부분을 분리하는 것이다. 최근에는 환경에 대한 인식이 높아지면서 무조건 자연 소비를 중심으로 진행되던 개발이 인간과 자연의 조화를 이루는 방향으로 개념이 바뀌고 있다.

노사 문제도 '노'와 '사'를 대척점에 놓고 보던 시각에서 벗어나 서로가 서로를 상승시켜줄 수 있는 윈-윈(win-win)의 관점에서 해결책을 찾아야 한다.

노사 문제는 특히나 경제 성장에 막대한 지장을 주기 때문에 정부가 개입해 문제 해결에 힘을 써야 한다. 그래서 나온 것이 노사정 협의 체제이다. 노사정 협의 체제가 본격적으로 시작된 지 벌써 10년이 지났다. 하지만 아직도 난항을 겪고 있는 것이 현실이다.

그런 취지에서 유럽 탐사 일정 중에 우리나라 노사정위원회가 벤치마킹하고 있는 네덜란드를 방문한 것은 빼놓을 수 없는 일정이었다.

공통의 관심사, 공통의 이슈를 찾아라

2006년 10월 26일 저녁, 네덜란드의 행정수도인 헤이그에 도착했다. 일행은 북한의 핵무기 실험 소식으로 어수선한 분위기였지만 하나라도 보고 배워야 한다는 생각에 빠듯한 일정을 소화하고 8시가 넘어서야 일행들과 늦은 저녁을 먹었다. 네덜란드는 아무래도 월드컵 영웅인 히딩크 감독을 먼저 떠올리게 한다. 그리고 규모는 작지만 강한 나라라는 인상을 준다.

네덜란드가 지금의 위치에 있기까지 탄탄대로만을 거쳐왔던 것은 아니다. 과도한 사회복지 운영과 방만한 재정 관리로 나라가 적자에 허덕였던 시절이 있었다. 일을 하지 않아도 충분한 실업수당이 지급되니 너도나도 일을 하려 들지 않았고, 그러다 보니 경제는 침체될 수밖에 없었다. 이름하여 '네덜란드 병(Dutch disease)'을 앓던 시절이었다.

그들은 어떻게 병을 치유했을까? 전문가들은 노사정이 합의한 바쎄나르 협약(Wassenaar Agreement) 덕분이라고 말한다. 1982년, 임금 인상을 자제하고 노동 시간을 단축하며, 시간제 고용을 늘리고 사회보장을 축소하는 등의 내용을 담은 이 협약을 체결한 이후 20년 이상 지속적으로 위기 상황을 극복할 수 있는 프로그램을 가동하게 되었던 것이다.

그 결과 근본적인 문제였던 일자리 부족 상황을 해결했다. 그리고 미국의 클린턴 전 대통령으로부터 "네덜란드 모형은 전 세계의 모든 국가가 귀감을 삼을 만하다"는 찬사까지 들었다.

다음 날인 27일 오전, 루버스 전(前) 네덜란드 총리를 만났다. 그는 바쎄나르 협약을 통해 국가의 경제를 회생시키고 일자리를 창출하는 데 주도적인 역할을 한 사람이었다.

"한국의 경제 문제에 있어 가장 심각한 것은 노사 갈등입니다. 대한민국의 대기업 노조는 아마 세계에서 가장 강력한 노조일 것입니다. 이 사람들은 파업을 1년에 한두 번씩 하기 때문에 이 문제가 해결되지 않고는 우리가 어떤 경제적 성장도 바랄 수 없습니다. 여기에 대해 우리 한국이 어떤 길을 걸어야 이 문제가 해결될 것인지 총리의 견해를 듣고 싶습니다."

그는 모든 문제는 결국 한국 자체 내에서 해결책을 찾아야 한다는 말을 시작으로 네덜란드의 사례를 들려주었다.

"네덜란드에서는 젊은 사람들의 협조를 끌어내는 게 중요합니다. 그들은 기성세대와 굉장히 다른 관점을 가지고 있기 때문에 이들과 의견을 조율하는 것이 다른 계층과 겪는 갈등의 폭을 줄일 수 있는 방법입니다. 그리고 노동조합은 일반적으로 노동자들의 권리에만 관심을 갖게 되는데 다른 이슈들에 대해서도 노동조합이 같이 참여할 수 있도록 하는 것이 중요합니다. 노동조합들을 사회적인 이슈에 동참하도록 한다면 공동체라는 인식을 높일 수가 있습니다. 예를 들어 환경 문제나 핵 문제를 들 수 있지요. 환경을 보호해야 하고 핵 확산을 금지해야 한다는 쪽으로 의견을 모을 수가 있기 때문에 평소 갈등을 겪었던 집단들이 친구가 될 수 있게 되지요."

자주 다투던 형제도 이웃과 싸울 때는 힘을 합치고 서로 돕는다. 문득 2002년 한일 월드컵이 떠올랐다. 그때 우리는 보수와 진보, 환경과 개발 등 모든 것을 초월해서 똑같이 붉은 옷을 입고 하나로 뭉쳤다. 그 모습을 보면서 나는 우리나라의 저력을 실감했다.

한마음으로 뭉칠 수 있는 사회적 이슈로는 무엇이 있을까?

과거와 달리 환경 문제는 합의점을 찾는 것이 가능해졌다. '환경' 하면 수익 없는 사업이라는 인식이 퍼져 있던 시대가 아니다. 환경친화적인 경영으로 수익도 나고 부수적으로 따르는 긍정적인 효과도 얻을 수 있는 시대가 되었다.

청계천 복원 사업만 해도 그렇다. 청계천 복원으로 환경도 살리고 주변 지역이 경제적으로 활기를 띠게 되었다. 세계적으로 가장 성공한 10대 다국적 기업들도 친환경 사업을 하는 기업들이 많다.

우리나라가 당사자 간의 합의점을 찾는 데 시간이 얼마나 걸릴지 걱정이 되기 시작했다.

"네덜란드가 당사자 간에 합의점을 찾는 데 얼마만큼의 시간이 걸렸습니까?"

환경과 개발 문제를 예로 총리는 답했다.

"네덜란드도 물론 이거 아니면 저거 하던 때가 있었습니다. 환경을 지키는 것 아니면 수익을 거두는 것이었고, 그 두 가지 의견은 팽

팽하게 맞섰지요. … 세계화가 시작되면서 많은 국가에서 지배구조에 변화가 일어났습니다. 예전에는 정부가 정한 규칙과 법에 의해 모든 것이 지배되었지만 IT 기술과 자유무역이 결합되면서 세계화의 영향력이 커져 기업이 홀로 서게 되었습니다. 그리고 시민단체의 영향력도 커지게 되었습니다. 기업이 시민들의 의견을 무시하고서는 생존이 힘들어지기 때문에 예전과는 달리 환경 문제도 많이 고민하게 된 것이지요. 환경을 고민해서 사업을 구상하는 쪽으로 방향이 바뀌니까 시민단체들도 동의를 하게 되고요. 그 가운데 끊임없이 이루어진 대화와 협의의 과정이 사회적 합의를 촉진시켰습니다. 결과적으로 네덜란드는 15년 정도 걸린 것 같습니다."

'15년이라….'

우리나라 노사정 협의의 역사가 짧기도 하지만 노사정, 특히 정부와 민주노총 간에 여전히 불신이 존재하고 있는 것이 문제였다. 그리고 기업별 노조가 입김이 센 반면에 상급 단체 노조는 리더십이 약하다. 게다가 사회적 합의를 주도할 정부의 역량 역시 한계가 있다.

'공통의 관심사, 공통의 이슈를 찾아라.'

가장 마음에 와 닿는 메시지였다. 네덜란드의 노사가 환경 문제와 핵 문제 같은 공통의 관심사를 찾아 노사 협조의 길을 모색하였듯이 우리는 경쟁력 강화를 통한 일자리 창출이라는 공동의 관심사를 만들어야 할 것이다.

"정부는 기본적으로 젊은이들에게 세계화의 과정, 결과, 영향에

2006년 10월 27일, 루버스 전 네덜란드 총리를 만나 건전한 노사관계의 길에 대해 토론했다.

대해 알리고 동참을 이끌어내는 역할을 해야 합니다. 그리고 가장 중요한 것은 근대적 의미에서 한국적인 것, 세계화라는 변화의 물결에 부합하는 한국적인 해결책을 찾아내야 합니다."

총리는 마지막으로 의미 있는 의견을 덧붙였다.

자리를 떠나는 그의 뒷모습을 바라보았다. 한 나라의 총리였던 사람이라고 하기에는 지나치게 소박한 옷차림이 눈에 들어왔다. 불미스러운 일로 원성을 들었던 이력에도 불구하고 수행원들을 거느리고 다니는 우리나라의 고위직 인사들과는 사뭇 다른 모습이었다.

그는 자가용 문을 열고 손수 짐을 실었다. 수행원 하나 없이 혼자서 운전까지 했다. 그의 작은 차가 눈앞에서 멀어졌다. 허례허식 없는 소탈한 모습이었다. 저것이야말로 우리나라가 아직은 도달하지 못한 선진국의 지표라는 생각이 들었다.

네덜란드인의 강점인 화합도 저처럼 허식을 떨지 않고 자신을 먼저 굽히는 자세에서 비롯되는 것이 아닐까? 자세를 낮추고 거품을 걷어내고 만나면 상대는 가까이 다가오기 마련이다.

네덜란드 경제의 심장부, SER

네덜란드 경제는 흔히 '협상경제(Consultative Economy)' 라고 불린다. 사회 각 분야를 대표하는 사람들이 모두 노사 갈등을 비롯한 사회 전반의 문제를 모여 협상하기 때문이다. 이를 폴더(polder) 모델이라고도 한단다. 재미있는 말이다.

폴더는 제방이라는 뜻으로 '제방이 무너지면 모두 무너진다, 그러므로 모두 협력해야 한다'라는 기조를 내걸고 있다. 수면이 지면보다 높아 제방을 쌓아가며 나라를 건설했던 네덜란드의 역사 · 문화적인 특징이 드러나는 말이다.

노사 문제는 관련된 이해 당사자가 많으니 당사자들이 모여서 논의를 할 수 있는 협의체가 있어야 할 것이다. 노조와 회사, 거기에 전문가와 사회 저명인사들을 포함한 연석회의의 형태 말이다. 네덜란

2006년 10월 27일, 네덜란드경제의 심장부, SER을 방문.
노사갈등의 해결책을 고민했다.

Power Korea

드에서 이 회의를 주도하는 단체가 바로 '사회경제위원회(SER)'다.

SER은 세계 2차 대전 이후에 태어난 단체로 사용자 측 11명, 노동자 측 11명, 경제 전문가 11명으로 구성되어 있다. 네덜란드 내의 모든 기업과 노동조합이 가입되어 있는 것은 물론이다. 이해 당사자 간의 갈등을 전문가들이 객관적인 판단으로 중재하고 있으니 불만이 적을 수밖에 없다. 그리고 이 회의는 언론에 즉각 공개된다. 이를 통해 보다 많은 사람들로부터 관심을 받고 동의를 얻을 수 있는 것이다.

아무리 통신이 발달해서 편리한 경로가 많다 해도 얼굴을 맞대지 않으면 오해는 언제든 생기기 마련이다. 얼굴을 보고 토론하다 보면 오해가 생길 일이 없다. 게다가 격렬하게 싸울수록 의견은 훨씬 나아진다. 만일 그 분야의 전문가들이 함께하는 토론이라면 타협안을 찾기까지의 과정이 더 쉽고 발전적일 것이다. SER은 그런 활발한 소통의 창구라는 의미에서도 중요한 역할을 하고 있는 셈이다.

루버스 전 총리와 작별 인사를 하고 향한 곳은 네덜란드 협상경제의 중심에 있는 SER 사무실이었다. 사무실로 들어서자 경제 정책 담당 사무차장과 수석경제연구원이 반갑게 맞아주었다. 사무총장은 외국 출장 중이라고 했다. 그가 한국에 방문해서 나를 찾았을 때는 내가 자리를 비워서 만나지 못했던 기억이 있다. 총장과의 인연이 이상하게 계속 어긋났다.

사무차장은 먼저 SER의 조직 체계를 개략적으로 말해주었다.

"SER을 광범위한 사회적 협의의 일부분으로 보시면 되겠습니다. 기업에는 노동자위원회가 있는데 그곳은 기업 내부의 노동자 관련 사항들을 결정하고 논의합니다. 작업 스케줄, 노동 시간과 같은 것이지요. 국가 차원에서는 노동재단이 있고 SER이 있습니다. 노동재단은 민간 기구로 노동조합과 기업인들이 공동으로 현안을 협의하는 단체입니다. SER은 정부로부터 독립적입니다. 정부로부터 독립됐다는 것은 정부의 예산 안에서 예산을 받는 게 아니라는 이야기입니다.

네덜란드에서 기업을 하려면 상공회의소에 무조건 가입해야 하는데 상공회의소 회비에 추가적으로 SER을 위해 내는 비용이 있지요. 그것이 곧 운영경비가 됩니다. 우리 같은 일을 하는 기관은 세계에 많이 있고 한국에도 자매기관인 노사정위원회가 있는 것으로 알고 있습니다."

우리나라의 노사정위원회는 외환위기를 극복하는 데 중요한 역할을 한 이후로 활동이 지지부진한 형편이다. 민주노총은 지난 몇 년간 참여를 하지 않고 있고, 한국노총도 조건부 탈퇴를 번복하고 있는 것으로 안다.

한 가지 궁금증이 생겼다.

"노조가 없는 기업은 크게 노사 갈등이 없고 중재할 필요가 없으니 SER 운영비를 낼 필요가 없지 않나요?"

하지만 사무차장의 대답은 이러했다.

"노조가 있건 없건 모든 기업이 운영경비를 부담합니다."

네덜란드의 노조는 25%에 지나지 않지만 노사 간 교섭을 통해 결정된 사항을 받아들이는 회사는 80%라고 한다. 한 회사의 노사 갈등이 해결되면서 결정된 사항이 네덜란드 전체 기업에 적용되는, 일종의 법이 되는 셈이다.

기업들은 그런 사항들을 적용하는 것이 여러 가지로 이롭다고 생각하기 때문에 아무 불만 없이 지원비를 내는 것이라고 했다. 그만큼 SER이 강력한 신뢰를 받고 있다는 이야기다. SER이 그 정도 권위를 가지고 있는 데도 이유가 있을 것이다.

"첫째, 네덜란드는 국제노동기구가 정한 모든 규율을 따르고 있습니다. 둘째, 우리는 정부에 제안을 하기 전에 먼저 철저히 연구를 합니다. 셋째, 네덜란드 경제정책국과 중앙은행의 간부가 멤버로 있어 원활한 협조와 자료의 도움을 받고 있습니다. 넷째, 저희가 다루는 주제가 구조조정뿐 아니라 노동법, 사회보장법, 세계 노조에 관련된 국제적인 문제까지 광범위합니다. 다섯째, 우리 위원회는 참여하는 기관으로부터 자문을 받기도 하고 결정사안과 제안에 대해 피드백을 받는 것을 매우 중요시하고 있습니다."

광범위한 경제 문제들을 국제적으로 인정한 법규에 따라 철저히 연구해서 방안을 내놓는다, 연구는 풍부하게 제공되는 자료를 이용하여 이루어진다! 그러니 당연히 믿고 따를 수밖에.

거기서 그치지 않고 위원회에 참여하고 있는 33인의 동의는 물론 모든 관련 기관들이 지지할 수 있는 의견을 내놓기 위해 수정, 보완에 끊임없이 관심을 기울인다고 한다. 그러니 SER의 의견이 얼마나 무게감 있게 전달될 것인가!

"위원회가 잘 굴러가기 위해서는 균형 잡힌 관계가 중요합니다. 우리는 자문기관에 지나지 않기 때문에 우리가 제시한 자문을 정부에서 받아들이든 받아들이지 않든 정부의 결정에 따릅니다. 정부로서는 관련 사항을 하나의 법으로 만드는 데 우리 기관을 활용할 수 있는 것입니다. SER을 통한 협의 절차는 아까도 말했다시피 대중에게 공개되어 홍보 효과도 거둘 수 있습니다.

또한 이 과정을 통해 정부가 의견을 받아들이게 되면 SER이 제안한 의견은 다른 기관에서도 영향력 있게 받아들입니다."

정부는 SER을 통해 좋은 의견을 얻을 수 있고 쉽게 홍보도 할 수 있다. 그리고 정부가 SER의 의견을 받아들이면 SER은 권위를 얻을 수 있다. 바로, 서로 이득이 되는 윈-윈(win-win) 시스템이다.

실패와 시행착오를 겪지 않고 쉽게 성공하는 조직은 드물다. SER이 지금의 위치까지 오르는 데 물론 어려움이 있었을 것이다. 나는 사무차장에게 여기까지 오는 데 어려움은 없었는지 물었다.

"1950년대에는 비교적 협조적인 시기로 정부와 사회경제의 각 주체들의 관계가 좋았습니다. 하지만 60년대에는 세계적으로 여러 가지 갈등 요인이 생겨 어려움이 많았고, 70년대 역시 사회적 파트너십이 형성되지 않아 갈등이 계속되었지요. 결정적으로 1982년, 바쎄나르 협약을 통해 노사정 협의 구조가 다시 살아났고 임금이나 근로

조건 결정도 차츰 이루어졌습니다. 그리고 90년대 들어서는 특히 노사정 당사자 간의 기본적인 정책의 목표에 '우선순위'를 두는 데 합의함으로써 결정하기 쉬운 구조가 된 것이지요."

21세기에 들어 몇 년 동안은 정부와 노동조합 간에 상당한 갈등이 있어서 암스테르담에서 큰 시위가 일어나기도 했다고 한다. 그러나 2004년, 정부가 노동자의 입장을 수용한 SER의 정책을 심각하게 고려해 타당한 것은 받아들이게 되면서 갈등이 조정되었다는 것이다. 이러한 굴곡을 겪으면서 SER은 네덜란드 경제의 심장부로 자리 잡게 된 것이다.

건전한 노조를 만들어야 한다

50년의 역사를 자랑하는 기관인 SER의 위상을 실감하며 이제 걸음마 수준인 우리 노사정위원회를 생각했다. 갈 길이 멀고 또 멀다고 느껴졌다.

그리고 우리나라에서 벌어지고 있는 상황처럼 자신의 입장과 권리만을 지나치게 내세우고 자신의 입장과 충돌되는 쪽을 적으로 두는 극단적 사고가 만연하다면 그것은 좋은 정책만으로 해결될 수 없는 부분이다.

불법 파업과 일부 거대 노조, 그리고 중소기업인들의 한숨을 떠올렸다. 이 부분과 관련해 네덜란드의 상황을 물었다.

"네덜란드의 노조 조직률은 25% 정도로 서유럽의 다른 나라에 비해 오히려 낮은 편입니다. 그러나 노조의 사회적 영향력이 매우 크고 노조에 대한 국민의 여론은 우호적이지요."

선진국에는 노조가 파업을 하는 경우를 대비해 쟁의기금을 적립하는 제도가 있다고 들은 바 있었다.

그래서 네덜란드에서는 노조원들이 임금 대비 몇 % 정도를 파업 기금으로 적립하는지 물었더니 적립된 기금이 별로 없다는 답이 돌아왔다. 네덜란드는 노동쟁의가 전 세계적으로 적은 나라 중에 하나라는 것이다.

"근래에 발생한 파업 중 규모가 가장 큰 파업은 2004년에 있었던 파업이었어요. 하지만 실제적으로는 토요일에 일하지 않는 사람들이 모여서 단결을 과시하고 의견을 표시한 시위에 불과했습니다. 그리고 최근 들어 대중교통의 민영화가 추진되고 있는데 공영에서 민간으로 전환되면서 관련 종사자들이 직장을 잃고 처우가 나빠질까 봐 불법 파업을 한 적이 있습니다. 이것은 예외적인 일이지요. 네덜란드는 노사 간 분쟁이 대결보다 대화나 협의에 의해 이루어져 분규 자체가 적습니다."

그리고 우리나라와 굉장히 다른 점은 네덜란드 노조는 정치적인 문제를 가지고 파업하지는 않는다는 것이었다.

"노동조합이 과거 사회민주당하고만 정치적 연관성이 깊었는데 지금은 노조원들 자체가 사회당만 지지하는 게 아니고 기독민주당 등 여러 정당을 지지하기 때문에 노조가 정치적 이슈로 파업하는 일은 없다고 볼 수 있습니다. 하지만 SER을 통해 사회·경제적 이슈에 참여하고 의견을 피력하고 있습니다."

우리나라 노동조합이 노동자들의 근로조건에 직접적인 연관이 없는 사회적·정치적 이슈로 파업하는 것과는 대조적인 모습이다. 사회 공통적인 이슈에 대해 관심을 갖고 의견을 내는 것은 좋은 일이다. 하지만 그것이 매번 정부의 입장과 충돌하는 데다 파업과 시위라는 형태로 이루어진다는 것이 문제다. 파업과 시위에 따른 피해는 보상받을 길이 없다.

건전한 노조가 필요하다. 근로자들이 필요한 권리를 적절히 요구하고 기업, 사회와 공생한다는 입장을 가진 노조 말이다. 물론 건전한 노조를 유지하는 데는 정책이나 물질적인 지원이 이뤄져야 한다.

"네덜란드 기업인들은 기본적으로 건강하고 건전한 노조가 있는 것이 자신의 이익에 도움이 된다고 생각합니다. SER의 역할도 노조가 잘 작용하고 건전한 노조가 되도록 도와주는 데 있는 것입니다. 예를 들어 우리가 기업이나 국제 경쟁력에 대한 보고서를 만들 때도 이것을 잘 만들어 노조 대표들에게 전달합니다. 여기서 회의를 할 때도 노조 관계자들이 참석하면 참가비를 줍니다. 노조 관계자들이 사회·경제 상황을 잘 이해하는 것이 건전한 노사관계 형성에 매우 중요하기 때문이지요."

　네덜란드의 노조들은 기업이나 사회의 이러한 생각들을 잘 알고
있기 때문에 자신들의 이익 추구와 함께 사회 전체의 입장을 고려해
정책을 추구하고 있는 것이다. 서로 도와주며 상생하는 모습이다.

　서로의 입장을 이해하고 대화하면서 의견을 조율해나가다 보면
신뢰는 쌓일 수밖에 없다.

　'대화와 협의.'

　'세계적 기준에 적합하도록 법을 수정 보완하여 철저히 이행할 것.'

　이 두 가지를 메모지에 눌러 적었다.

2006년 10월 27일, 네덜란드 노사정 기관 SER.
15년이란 긴 세월을 통해 네덜란드는 건전한 노사 문화를 정착할 수 있었다고 한다.

"한국과 네덜란드는 작지만 강한 나라입니다. 서로 정보를 공유하고 협력해 경쟁력을 높여나갔으면 좋겠습니다."

사무차장의 마지막 인사말에 동감을 표시하고 힘껏 악수를 나누었다.

'소강국', 작지만 강한 나라의 꿈.

나는 SER을 나오면서 우리나라가 아시아를 넘어 세계의 강국이 되리라는 믿음을 다시 한 번 굳건히 했다.

건강한 경제를 위해

우리나라의 노사는 지난 20여 년간 산업 현장에서 대립과 다툼을 반복해오고 있다. 그러다 보니 노사 경쟁력이 세계 최하위 수준일 수밖에 없다. 이것은 외국인 투자 유치에 있어서 가장 큰 장애요인이 되고 있다. 특히 대기업의 파업은 중소기업의 운영에 큰 타격을 입혀 우리나라 경제의 톱니바퀴를 삐거덕거리게 한다.

네덜란드는 노사정 대표들이 각자의 주장이나 생각을 일단 접고, 전체의 입장에서 대안을 찾아 위기상황을 넘겼다. 이 사례에서 우리는 많은 것을 배울 수 있다.

모두가 힘을 모아 제방을 쌓으며 마을을 건설하였듯 네덜란드는 서로 합의해가며 중대사를 결정하는 문화에 익숙해져 있다. 노조와 기업주 사이처럼 의견이 충돌할 여지가 많은 관계에서도 스스로 한 발

물러서서 양보하고 상대를 이해하면서 중간 지점을 찾아나간다.

합의 과정이 보다 원활하게 이루어졌으면 하는 마음으로 탄생된 것이 SER이다. 이곳에서 노사정은 원활하게 의견을 주고받는다. 거기다 신뢰받을 만한 전문 위원단들이 발전적인 의견을 제안한다. 여기서 나온 의견은 정부에서 법안으로 채택될 수도 있다. 그만큼 SER은 네덜란드, 아니 세계에서 신뢰를 받고 있는 단체이다.

SER처럼 튼튼한 위가 있다면 이제 잘 씹어 삼키면 된다. 세계화 시대에 걸맞은 법을 만들어야 하고 거기에 철저히 따라야만 하는 것이다. 알려준 대로만 꼭꼭 씹으면 위에서 소화하기가 쉬워진다.

우리나라 노사정위원회는 보다 실질적인 시스템을 갖추고 엄격한 법을 집행하는 리더십이 필요하다. 신뢰받는 기관으로서의 면모를 가져야 한국의 SER로 자리매김을 할 수 있다는 이야기다.

그렇지 않아도 최근 우리나라에서는 사회 각 주체 간에 협약이 체결되어 화제를 모았다. 우리 사회에 심각한 문제로 대두된 저출산·고령화 문제에 대해 정부, 재계, 시민단체, 노동계, 종교계, 농민, 여성계, 학계가 망라되어 구성된 저출산·고령화 대책 연석회의가 건설적 대안을 도출하는데 성공하였다. 대단히 고무적인 일이다.

네덜란드는 건전한 노조를 만드는 데 모두가 노력한다. 우리나라도 양극단의 사고를 버리고 함께 잘살자는 자세를 가져야 한다. 그럴 때 그것은 양질의 음식이 되어 입안으로 들어갈 것이다.

양질의 음식을 꼭꼭 씹어 삼키고, 거기다 튼튼한 위까지 갖춰져 있는데 건강하지 않을 리가 없다. 우리나라의 경제가 건강해지는 방법은 바로 여기에 있다.

화합과 상생을 위한 노력

현재 우리나라가 넘어야 할 벽이 있다면 그것은 경제 침체다.

주머니가 가벼워지고 일을 하지 못하면 마음에 여유가 없어진다. 불안감이 쌓이고 도덕관념이나 가치관도 흐려진다. 사람은 빵만 먹고는 살 수 없지만 그렇다고 빵 없이도 살지 못한다.

사람들이 안정적으로 일할 수 있게 하고 제대로 임금을 받을 수 있게 보장하는 것은 현 시점에서 무엇보다 중요한 문제다. 노사정이 화합하고 잘 협의하면 이 문제를 해결하는 데 많은 기여를 할 수 있다.

노사정은 자신들의 입장을 주장하는 데만 바쁠 것이 아니라 좀 더 넓은 안목으로 멀리 내다볼 줄 알아야 한다. 노동자들을 위한, 국민들을 위한, 우리나라를 위한 방법이 무엇일지 고민해야 한다. 현장 노동자들의 목소리를 듣고 기업이 성장할 수 있는 길을 찾는 것, 그것은 곧 국가 경쟁력을 높이는 일이고 입장이 달랐던 모두에게도 득이 되는 일이다.

노사정이 화합하고 의견이 극단에 놓인 집단들이 상생을 위해 노력하는 그 순간, 그 눈부신 순간이 '파워 코리아'로 도약하는 순간일

2006년 10월 27일.

네덜란드 헤이그에서의 마지막 일정으로 이준열사기념관을 찾아 참배했다.

이역만리에서 빛난 역사의 애국심을 가슴에 새겼다.

것이다.

네덜란드 헤이그에서의 마지막 일정으로 이준열사기념관을 찾았다. 이곳은 고(故) 이준 열사가 고종황제의 특명으로 만국평화회의에 참석하려고 왔다가 회의장 입장이 거절되자 항의문을 발표하고 숨을 거둔 곳이다. 지금이야 비행기 타고 편하게 휙 날아오면 되지만 일제 강점기엔 그야말로 이역만 리 낯선 땅 아닌가. 나라 잃은 약소국 출신의 한 사내가 으리으리한 회의장 앞에서 입장을 거절당했을 때 그 기분이 얼마나 비감했을까는 상상이 가고도 남는다. 조국은 자신만 믿고 있는데, 입장도 못 해보고 어찌 물러설 수 있었겠는가? 누구 하나 도와주는 사람도 없었을 터, 거의 광인 취급을 받고 쫓겨났을 걸 생각하니 울분이 치솟는다.

열사의 유품과 사진들을 쭉 둘러보았다. 타국에서 몸을 묻은 한 애국자의 넋이 춥고 외로울 것만 같아 마음이 아렸다. 나는 광복 60주년을 맞아 서울 시청사를 덮었던 3,601장의 태극기 중 가장 첫 번째 태극기를 이곳에 기증했었다.

대한민국이 이만큼 설 수 있었던 배후에는 이준 열사와 같은 애국 선조들이 있었다는 것을 우리는 자꾸만 잊고 산다. 살아서 독립국의 후손된 도리로 그런 분들을 기려야 하는데, 국가 차원에서 대접이 소홀한 것은 아닌가 하는 생각이 들었다. 영웅이 국가적 숭배를 받는 나라만이 나라의 위기에 또 다른 영웅을 배출한다. 그분들이 후손들을 위해 목숨을 던지셨다는 것을 늘 가슴에 담고 사는 민족과 그렇지 않은 민족 간에 국가 경쟁력은 큰 차이가 날 것이다. 이런 것이 바로 정부가 해야 할 일이다.

나는 조용히 영정 앞으로 다가갔다. 심지 굳은 열사의 얼굴을 보니 새삼스런 존경심에 절로 고개가 숙여졌다.

대한민국
새로운 비전을
찾아라

포스트 나노 시대를 위한

국제 **과학** 비즈니스 **도시**

기초과학에 주목하자

지난 몇 년간 수차례 대학생들을 만나고 강연을 해왔다. 그들은 일자리에 대한 고민과 자신의 미래에 대한 걱정을 매번 털어놓았다.

"이력서를 수십 장째 쓰고 있습니다. 앞이 깜깜합니다."

그러면 나는 작은 기업이라도 일단 들어가라고, 거기서 자신의 능력을 최대한 발휘하고 도전하라고, 희망을 가지라고 늘 말했다. 그만큼 그들에게서는 젊은이다운 패기가 보이지 않았다. 기죽어 있고 불안에 떠는 표정만 보였다.

고등학교 때는 수능, 내신, 특기적성 성적을 적절히 조합하여 틈새 전략을 잘 짜서 대학에 들어가는 데에만 혈안이다. 그리고 대학에 들어가고 나서는 공무원이 되거나 대기업에 들어가기 위해 또 혈안. 이것이 요즘 젊은이들의 모습이다.

청소년기에는 호연지기를 키우고 인생에 대한 비전을 세우고 꿈을 꾸고 그 꿈을 이루기 위해 어려움도 감내해나가는 노력을 해야 하는데, 요즘에는 그런 젊은이를 보기 어렵다. 남들이 하지 않는 일에 자신만의 비전을 가지고 도전하려 들기보다는 그저 남들과 비슷한 길을 가며 안정만을 추구하는 성향이 너무 강한 것은 아닌가 하는 생각이 든다.

도전을 할 용기가 없는 것도 문제지만 도전하고 개척하는 일이 달걀로 바위 치기처럼 무모한 것으로 인식되는 사회적 분위기도 문제다. 우리 젊은이들이 대한민국의 미래이기에, 젊은이들의 꿈은 곧 대한민국의 꿈이다.

자신의 미래를 과학에 헌신하고자 하는 젊은이가 많을수록 우리나라 과학의 미래가 밝아지는데, 요즘 우리 젊은이들에게서 그런 열정을 찾아보기가 어렵다. 그것은 기성세대가 젊은이들에게 마음껏 꿈을 꿀 수 있는 환경을 제공하지 못했기 때문일 수도 있다. 나는 이러한 환경을 우리나라에 구축하고자 하는 생각에 세계에서 가장 큰 가속기 연구소를 방문해보기로 하였다.

우리나라도 산업이 고속으로 발전하던 때가 있었다. 국민소득 1만 달러, 1만 5천 달러로 올라서던 그때의 감격을 기억한다. 이제는 반도체, 이동통신 분야도 세계에서 선두를 지키고 있다. 하지만 소득 수준이 10년째 제자리다. 확실히 경제 정체기를 겪고 있는 것이다.

정체기를 벗어나서 우리나라가 한 단계 도약하기 위해서는 패러다임의 전환이 필요하다. 우리나라는 오랫동안 전자, 기술공학 등의 응용과학에만 많은 관심을 집중했다. 이제 우리가 집중해야 하는 것은 원천기술을 개발하는 일이다. 지금과 같이 원천기술을 수입하는 한 우리나라 기업들이 열심히 첨단제품을 수출하여 외화를 벌어들인다 해도 원천기술에 대한 로열티 지불로 인해 정작 돈을 버는 것은 선진국이다. 재주는 곰이 피우고 돈은 왕서방이 챙기는 상황이 바로 우리 눈앞에서 일어나고 있는 것이다. 이렇게 중요한 원천기술을 확보해야 하는데, 원천기술 개발은 기초과학 연구를 통해서만 가능하다.

응용과학은 기초과학이라는 튼튼한 토양에서 자랄 수 있다. 토질이 좋은 토양에서는 다양한 식물들이 무럭무럭 자라나지만 토질이 나쁜 상태에서는 아무리 물을 많이 주고 관리를 해보아도 한계가 있다.

중국은 많은 정치 지도자가 공학자 출신이고 독일의 현 수상 역시 물리학 박사 출신이다. 과학자가 인정받고 있는 사회라는 이야기이고, 이 나라들이 기초과학에 많은 투자를 하고 있으리라는 것은 쉽게 추측할 수 있다.

미국 부시 대통령도 2006년 초, 상하원이 다 모인 곳에서 이렇게 말했다고 한다.

"물리학과 화학은 모든 응용기술을 지원하는 기초학문입니다. 물리학과 화학 관련 기초연구 프로그램을 지원하는 연방정부 예산을 향후 10년 간 2배로 늘리겠습니다."

나 역시 과학에 우리의 경제와 미래가 달려 있다고 본다. 우리나라를 세계적으로 부강한 나라로 만들고자 하는 나의 꿈은 과학강국의 꿈과 통한다.

이제는 펨토(femto)다

'나노 기술', '나노 시대'. 현재를 우리는 흔히 이렇게 부른다. 우리나라 역시 세계적 흐름에 발맞춰 나노 기술의 대표 산업인 반도체 등의 미세 소자 분야에서 많은 성과를 올렸다. 그러나 우리는 일부 반도체 품목과 전자 제품에서는 일등 국가인지는 몰라도 나노 기술에선 일등 국가라고 할 수는 없다. 탄소나노튜브를 발견한 사람은 일본인이고 '나노 기술'라는 용어를 가장 먼저 사용하기 시작한 나라도 일본이다.

남들 다하는 영어만 유창하게 해서는 경쟁력을 가질 수 없다. 앞으로 많이 쓰일 중국어나 일어까지 유창하게 할 수 있어야 한다. 항상 경쟁에서 우위를 차지하는 자는 멀리 내다보고 남들보다 한 단계 앞서 나간다.

여기에 우리가 지금부터 포스트 나노 시대를 준비해야 하는 이유가 있다. 나노 기술의 업그레이드 버전, 나노보다 더 미시의 세계, 나

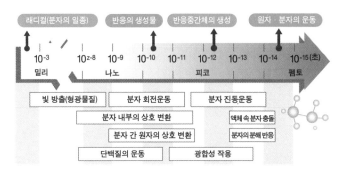

분자들의 초고속 현상 시간표

래디컬(분자의 일종)　반응의 생성물　반응중간체의 생성　원자·분자의 운동

| 10^{-3} | 10^{2-8} | 10^{-9} | 10^{-10} | 10^{-11} | 10^{-12} | 10^{-13} | 10^{-14} | 10^{-15}(초) |
| 밀리 | | 나노 | | | 피코 | | | 펨토 |

빛 방출(형광물질)　　분자 회전운동　　분자 진동운동

분자 내부의 상호 변환　　액체 속 분자 충돌

분자 간 원자의 상호 변환　　분자의 분해 반응

단백질의 운동　　광합성 작용

노보다 더 섬세한 세계인 펨토(femto)의 세계를 우리는 미리 준비해
야 한다. 미래 학자 앨빈 토플러는 "나노보다 섬세한 미시적 세계의
지식이 미래를 지배할 것이다"라고 말했다. 펨토과학은 나노보다 더
미세한 경지를 연구하는 분야로서, 펨토과학과 나노 기술이 융합되
면 지금은 상상할 수도 없는 신소재와 신물질이 만들어질 것이다.

　이러한 펨토과학을 연구하기 위해 필요한 장비가 가속기이다. 세
계 여러 나라들이 지속적으로 가속기를 건설하고 있는 이유가 여기
에 있다. 가속기 시설은 어느 특정 기초과학 연구에만 도움이 되는
장비가 아니고 물리학, 화학, 생명과학, 기초의학, 재료공학, 전자공
학, 기계공학 등 다양한 분야의 연구 개발에 이용된다.

　유럽과 미국, 일본 등의 선진국들은 첨단가속기 시설을 갖춘 연구
단지를 구축하고 있다. 그리고 그곳에서 창조적인 연구 성과물과 함
께 새로운 물질과 소재와 기술이 개발되고 세계적인 논문과 특허가

나오고 있다.

하지만 우리나라에는 현재 포항공대의 연구용 전자가속기 하나가 있을 뿐이다. 연구를 하기 위해 전국 각 대학의 연구원들이 방문한다고 한다. 경제규모 세계 11위인 우리나라에 연구용 가속기가 하나밖에 없다는 것은 그동안 우리나라 정부가 기초과학을 얼마나 소홀히 했는지 단적으로 보여준다. 남한 인구의 3분의 1 정도의 인구를 갖고 있는 네덜란드도 우리나라에서는 찾아볼 수 없는 첨단가속기가 여러 대 있다고 한다. 일본이 보유하고 있는 가속기의 수와 국내 보유 가속기의 수를 비교하면 대충 100대 1 정도의 수준이라고 한다.

우리나라에도 펨토과학 연구를 위한 '방사성동위원소 빔 가속기' 시설이 필요하다고 과학자들은 말한다. 그런 가속기 시설은 여러 분야의 기초과학 연구를 위한 기반시설이므로 우수한 국내외 과학자들을 끌어들일 것이고 따라서 가속기 시설 주변은 자연스럽게 국제적인 과학연구단지로 조성될 것이다. 국내 기초과학자들과 관련 기술자들뿐 아니라 세계적인 학자들이 이 시설을 이용하기 위해 드나들게 될 것이다. 자연스럽게 세계적인 지식 네트워크가 우리나라에 형성될 것이고, 그곳에서 개발된 원천기술이 산업체로 기술이전되어 과학 비즈니스가 저절로 싹틀 것이다.

나는 국가를 강하게 만드는 동력이 이런 과학시설에 있을 것이라고 확신했다. 그래서 유럽에 있는 연구단지들을 방문해서 직접 보고 배우기 위해 탐사를 떠났던 것이다.

경제 심장부

2006년 10월 22일, 약 11시간 동안의 비행 끝에 독일의 프랑크프루트 공항에 도착했다. 그리고 거기서 다시 스위스 제네바로 향했다. 제네바에 있는 숙소에 도착했더니 이미 밤 11시를 넘기고 있었다.

나에게는 큰 방이 배정되어 있었지만 그렇게 큰 방은 불필요하다고 생각되어 회의실로 돌리고 작은 방으로 들어가 짐을 풀었다. 그리고 다음 일정을 검토했다.

다음 날인 23일은 오전 7시부터 다보스 포럼 총재와 조찬 간담회가 있었다. 다보스 포럼이란 스위스의 다보스 시에서 열리는 권위 있는 국제적인 경제 포럼이다. 클라우스 슈밥 총재는 이 포럼을 통해 매년 세계적인 지구촌의 이슈를 만들어나가고, 이에 대해 논의하는 자리를 마련하고 있다.

"한국이 가지고 있는 기술력이나 새로운 것을 받아들이려는 노력에 비해서 '대한민국의 브랜드 가치'가 제대로 평가받지 못하고 있는 것 같습니다."

총재는 한국의 브랜드 가치를 높이기 위해서 다보스 포럼과 함께 해나가는 것이 좋을 것 같다고 했다. 그러면서 정부의 역할은 '얼마나 규모적으로 크게 경제활동에 참여했느냐'보다는 '어떻게 참여했느냐'가 중요할 것이라며 정부가 기업과 함께해야 할 것이라고 강조했다.

간담회가 끝나고 세계에서 가장 큰 유럽입자물리연구소인 CERN(Conseil Européan pour la Recheche Nuoiéaire)을 방문하기 위해 버스에 올랐다. CERN은 지하 100m 아래에 직경 8km, 둘레 27km의 도너츠 모양의 세계 최대 가속기를 보유하고 있었다. 이 연구소는 유럽공동체가 건설해 운영하고 있는 것이었다.

연구소로 향하는 동안 나는 성균관대 물리학과 홍승우 교수와 가속기 시설에 관해 이야기를 나누었다.

"2002년에 50주년이 된 CERN은 그동안 3명의 노벨상 수상자를 배출했습니다. 이 시설에서는 최첨단 물리학 연구가 이루어집니다. 순수기초과학 연구는 인간의 여러 가지 활동 중 가장 지고한 형태의 활동이라고 할 수 있습니다. 어쩌면 종교나 예술에 비유할 수 있을 것입니다. 이는 인류의 문명을 이끄는 견인차 역할을 합니다. 또한 자연과 우주에 대한 인간의 지적 호기심을 만족하게 합니다.

하지만 이런 연구는 저절로 쉽게 이루어지는 것이 아니고 치열한 자기와의 싸움, 인간의 현 과학기술적 한계를 초월하고 극복하고자 하는 노력에 의해 발전합니다. 현 기술적 한계를 초월하는 연구를 수행하기 때문에 거기에서 얻어지는 기술은 새로운 신기술이고 원천기술입니다."

현재 중국은 놀라운 속도로 우리나라를 추격하고 있다. 우리나라가 지금은 반도체나 휴대전화 및 일부 중공업 등으로 먹고살고 있지만 앞으로 20~30년 후에는 무엇으로 먹고살 것인가? 우리나라 경제

2006년 10월 22일, 유럽입자물리연구소(CERN).

그곳의 전문가들을 통해

기초과학과 원천기술 개발의

필요성을 다시 한 번 실감했다.

Power Kore

는 수출 주도형 구조인데 외국에 무엇을 팔아서 국가의 생계를 이어갈 것인가? 국가의 미래를 대비하기 위해서라도 기초과학을 통한 원천기술 개발이 필요했다.

"연구단지 안에서 과학자들과 기술자들은 모두 자신의 문제를 해결하기 위해서 치열하게 노력합니다. 인류가 이제까지 가보지 못했던 새로운 영역을 탐구하기 위해서 수천 명의 과학자와 기술자들이 각자 맡은 문제를 해결하고자 합니다. 소위 똑똑하다는 사람들이 모여 있는 곳이라 경쟁도 치열합니다. 그런데 그런 연구가 늘 실험실이나 딱딱한 책상에서만 이루어지는 것은 아닙니다.

예를 들어, 서로 다른 분야의 과학자들이 점심시간에 식당에서 자신이 고민하고 있는 어떤 문제에 대하여 잡담을 할 때 옆에 있던 연구자가 어떤 아이디어를 생각해냅니다. 식사가 끝난 후에도 그런 토의는 지속되고 그런 잡담이 새로운 연구 결과나 기술로 이어질 수 있습니다. 이런 것이 창의성입니다. 구글(Google)은 회사의 기술자들이 업무 시간의 20% 한도 내에서 각자 자신이 원하는 어떤 일을 할 수 있도록 허용하고 있습니다. 구글이 계속 창의적인 제품을 만들고 있는 이유 중의 하나는 이런 자유로운 창의적 연구 환경입니다. CERN이 이와 같이 개발한 창의적 원천기술은 수도 없이 많습니다."

그는 기초과학과 원천기술 개발의 중요성을 여러 번 강조했다. 나역시 동감하는 부분이었다. 가속기 연구소가 생기면 새로운 기술이 많이 개발될 것이고 그것을 산업체에 이전하게 되면 국가 산업의 기술 수준이 올라가는 것은 당연했다. 그것도 외국에 비싼 로열티를 낼 필요도 없이 말이다.

가속기가 있는 기초과학연구소를 중심으로 관련 분야 연구소들과 산업체들이 생겨나서 활기차게 돌아가면 그곳은 우리나라의 과학 비즈니스와 경제 심장부가 될 것이다. 그것도 국제적인 성격으로 말이다.

과거, 정부의 과학기술 정책 방향을 보면 김영삼 정부 때는 핵융합사업에 많은 예산을 지원하였고, 김대중 정부는 IT, BT에서 시작하여 6T를 설정하였고, 지금의 노무현 정부는 우주 항공 등 특정 분야를 집중 지원하는 경향이 있었다. 하지만 이제는 과학기술의 가장 중요한 뿌리가 되는 기초과학 전체를 튼튼히 키워야 할 때가 왔다는 생각이 든다. 튼튼한 기초 위에 든든한 줄기처럼 응용기술이 발전하고 탐스러운 산업의 열매가 맺어질 것이다.

CERN과 가속기

버스가 CERN에 도착하였다. CERN의 대외협력담당인 블랙쉬미트 박사가 본부 건물 앞으로 마중 나와 있었다. 박사의 안내로 6층 대회의실로 올라갔다. 대회의실 앞에는 CERN의 소장인 에이마 박사가 기다리고 있었다. 회의실 앞에 준비된 커피를 마시며 서로 인사를 나누었다. 그리고 모두 회의실 안으로 들어갔다.

CERN 내부의 웅장한 전경. 출처 http://dsu.web.cern.ch

회의실에서 에이머 박사가 CERN에 대하여 소개를 했다.

"이곳에는 둘레가 27km인 원 모양의 가속기가 지하 100m 아래에 있습니다. 프랑스와 스위스 영토에 걸쳐 있지만 대부분이 프랑스 영토 내에 있으며 CERN의 소유물입니다."

같은 연구소 내의 시설인데 이쪽은 스위스, 이쪽 너머는 프랑스에 있다니 재미있는 일이었다.

"CERN의 목적은 4가지로 요약해볼 수 있습니다. 그것은 기초연구, 기술 개발, 교육, 그리고 각 나라와 연구소 간의 국제 협력을 도모하는 것입니다. 물론 그중 제일 중요한 것은 연구지만 4가지 모두 중시하고 있습니다."

연구에만 매진하는 것이 아니라 갖고 있는 모든 시스템과 연구 결과들이 사회에 공헌될 수 있도록 돕는다고 했다. 힘들게 연구한 것을 움켜쥐고 있는 것이 아니라 많은 사람들을 위해 기꺼이 내놓다니, 과연 선진국다운 자세였다.

"CERN은 독립된 기관으로서 80개의 국가들과 마치 국가 간에 하는 것처럼 조약을 맺고 있습니다. 한국 정부와도 며칠 후인 10월 25일에 협력 관계를 맺게 되는 것으로 알고 있습니다.

유럽의 20개 국가들이 회원으로 있고 이들 국가는 CERN에 예산을 지원하고 있습니다. CERN의 1년 예산은 12억 4천만 스위스프랑(약 1조 원)이고 직접 급여를 받으며 일하고 있는 사람은 현재 2,593명입니다. 그 밖에 7,507명의 사용자들이 여러 가지 연구를 공동으로 하면서 협력 관계에 기여하고 있습니다."

'거대강입자가속기(LHC)' 전체를 볼 시간이 없었으므로 우리는 실험이 이루어지는 CMS와 ALICE라는 실험동만 보았다.

박사가 보여주는 표에는 협력 관계로 방문한 7,500명의 사용자들이 국가별로 표기되어 있었다. 그중 한국인은 19명이다.

그 19명도 CERN의 정식 연구원이 아니라 임시로 파견 나온 한국인 연구원의 수를 1년간 합하면 그렇게 된다는 것이었다. 즉, 19명 중에는 방학 동안 1~2주 잠시 방문하는 교수들이나 1학기 또는 1~2

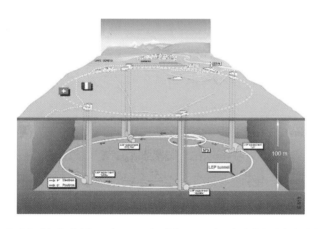

CERN의 지하 가속기 터널을 보여주는 그림. 지하 100m 정도에 위치한 터널 속에서 입자가 거의 빛의 속도로 가속된다. 이 그림은 2000년 말까지 사용되었던 LEP 가속기 터널을 보여주는데, LEP는 철거되었고 지금은 이 터널에 LHC 가속기를 건설하고 있다. 지상에는 프랑스와 스위스 국경이 보이고, 멀리 제네바 호수와 제네바 공항이 보인다.

년 이상 상주하며 연구하는 대학원생, 연구원들이 포함되어 있었다. 나중에 한국인 연구원들을 직접 만나보니 그들 대부분은 한국 대학 소속이 아니고, 미국 또는 유럽 대학 소속이었다.

그러니까 국적만 한국인이지 우리나라 기관에서 파견 나와 일을 하는 사람은 몇 명에 지나지 않았다. 한국인이 다른 나라 대학과 연구소 소속으로 일을 하고 있다니 안타까운 일이었다.

에이마 소장은 CERN이 추구하는 연구에 대한 설명을 이어나갔다.

"CERN이 궁극적으로 추구하는 연구는 물질이 기본적으로 무엇으로 이루어져 있는가 하는 것입니다. 모든 물질은 원자로 되어 있고 원자는 다시 핵과 전자로 되어 있고 핵은 양성자와 중성자로 되어 있으며 양성자와 중성자는 쿼크로 되어 있다는 것을 우리는 알고 있습니다."

박사의 설명은 물리 공부를 하던 학창시절을 떠올리게 했다. 대학에 입학하기 위해 청계천 헌책방에서 산 문제집으로 밤을 밝히며 공부했었다. 그중 제일 재미있지만 한편 까다로운 과목이 물리였다. 물질의 근원, 원자, 핵, 전자, 양성자, 중성자 등 오랜만에 들어보는 단어들이었다.

"CERN의 연구는 우주에 존재하는 힘을 전달하는, 물질의 가장 기본단위를 찾기 위해 입자들을 충돌시키는 것입니다. 링 모양으로 된 가속기 안에서 입자들은 거의 빛의 속도로 돌면서 서로 맞부딪히고 깨집니다. 가속기의 크기가 클수록 더 강하게 부딪힐 수 있습니다. 입자들이 어떤 물리적 이유로 질량을 갖게 되었는지, 또 각 입자들은 왜 하필 그런 질량을 갖게 되었는지를 밝히고자 합니다. 질량을 만들려면 에너지가 필요하고 에너지를 크게 하는 데 가속기가 필요합니다. CERN이 보유하고 있는 가속기는 세계에서 제일 큰 것입니다. 에너지가 높은 2개의 입자를 서로를 향해 달려오게 하고 충돌시켜 그 충돌 과정에서 생성되는 새로운 입자들을 검출하여 연구하는 것입니다."

놀라운 발명들

가속기를 중심으로 놀라운 발명들이 이루어지는 것을 박사가 설명하였다.

"CERN에서 검출되는 수많은 입자들을 조사해서 충돌 과정에서 무슨 일이 일어났는지를 규명하고자 하는데 이곳에서 검출되는 입자들이 너무 많아 처리해야 하는 신호의 양도 많습니다. CERN에 있는 대형 컴퓨터로도 다 처리할 수 없는 지경이 되어, 다른 연구소에 있는 사용 가능한 컴퓨터를 이용해서 처리하자는 생각을 하게 되었습니다. 간략히 말하면, 서로 다른 곳에 있는 컴퓨터의 자원을 공유하게 만들어 효율적으로 정보를 분석하는 방식을 고안하게 된 것입니다. 그렇게 되면 놀고 있는 컴퓨터 자원을 다른 곳에서 효과적으로 이용하여 데이터를 처리할 수 있게 됩니다. 이런 전산처리 방식을 가능하게 해주는 체계를 CERN이 개발하고 있는데 그것을 GRID라는 부르며 매우 성공적으로 개발되고 있습니다." 말하자면, 어느 집에서 놀고 있는 컴퓨터를 과학적 연구를 위해 사용하도록 하겠다는 아이디어인데, 도대체 누구의 발상이었을까 궁금해졌다.

지금 전 세계적으로 사용하고 있는 월드와이드웹(world wide web, www) 역시 CERN의 물리학자들이 처음으로 개발했다고 한다. CERN에서 공동 연구를 하는 물리학자들이 세계 곳곳에서 오고, 수많은 학자들이 각자 맡은 작은 과제를 연구하여 그 결과를 서로 나누는 공동 연구를 수행해야 하기 때문에 정보와 데이터를 교환하는 새로운 방식의 컴퓨터 소프트웨어가 필요하였고, 그래서 만든 것이 www라는 것이다.

만약 www를 기업체가 개발하였다면 막대한 수익을 남기고 있을 것이지만 CERN은 유럽공동체가 출자하여 공익을 위해 만든 연구 기관이기 때문에 그 결과물을 특허출원하지 않고 모든 사람들이 자유로이 사용할 수 있도록 했다. 초등학생들마저 숙제를 할 때 www를 이용하고 있는 지금, 우리에게 www가 없다면 어떻게 될까?

이렇게 널리 쓰이는 프로그램들이 컴퓨터 과학자들이 아닌 물리학자들에 의해 만들어지고 있다는 사실이 놀라웠다. 물리학의 영향력이 광대하다는 생각을 새삼 하게 되었다.

"GRID나 www 등 CERN에서 순수하게 물리학 연구를 위해 개발한 결과물이 실생활과 공학 등에 이용된 예는 수없이 많습니다. CERN 에서 개발된 많은 기술이 산업에 이전되어 바이오, 전자공학 등에 이용되고 있습니다. 의학 분야에 이용되고 있는 기술도 많고요.”

www와 같은 훌륭한 결과물이 무수하게 개발된다면 관련 산업도 획기적으로 발전할 것이다. 현재 우리나라 전국 각지에는 기업도시, 혁신도시가 건설되고 있다. 하지만 이들 도시에 마땅한 성장 동력이 없다는 것이 문제이다. 도시 규모로 성장시킬 만한 것이 없다 보니 건설비만 낭비되고 있는 것이다.

가속기 연구소를 중심으로 관련 연구소들과 기술을 이전받을 산업체들이 포진된다면 매우 효과적으로 산학연 협동연구가 이루어질 것 같다. 기초과학이 원천기술을 만들어내고 그 기술이 바로 산업에 이전되어 비즈니스로 이어지는 도시, 미래의 과학도시란 그런 모습일 것이다.

사회봉사 활동

“CERN은 기술 이전 외에도 사회에 봉사하는 활동을 하고 있습니다. 예를 들어 학교 선생님들을 재교육하는 활동을 합니다. 연구와 교육은 분리될 수 없습니다. CERN의 연구 활동을 일선의 선생님들에게 소개하고 최근의 연구 결과를 알리는 것은 중요한 일입니다. 학교 선생님들이 학생들에게 최첨단 연구 결과에 대해 설명해주고 과학자가 하는 일의 가치를 느끼게 해주어야 학생들은 과학에 더욱 흥미를 느끼게 될 것입니다. 유럽에서도 이공계 기피 현상이 있습니다. 어린 학생들에게 과학에 대한 호기심을 심어주기 위해서 과학에 관련 소재로 학생들 자신이 연극을 하게 하는 프로그램도 있고 학교 선생님들을 재교육하는 프로그램도 있습니다."

어릴 때부터 과학에 대한 관심을 갖도록 교육하면 이들은 자연히 과학자가 되고 싶다는 꿈을 품게 될 것이다. 꼭 과학자가 되지 않더라도 인류에게 과학이 얼마나 중요한 것인지를 아는 사람으로 성장할 것이다.

서울대학교 물리학과의 젊은 교수들이 모여서 만든 포럼이 있다. 나도 한 달에 한 번 정도 참석하는 모임인데 나는 그곳에서 한국 과학계의 힘든 현실에 대해 생생히 들을 수 있었다.

"가장 좌절하게 만드는 점은 서울대학교 물리학과를 나와서 소위 과학자가 되겠다고 들어온 학생들이 1년에 몇 명씩 지방대 한의대로 빠져나간다는 것입니다."

제자들이 현실의 안위를 찾아가는 모습을 이야기하며 허탈한 표정을 지었던 교수님이 떠올랐다. 이것은 국가적인 문제다. 국가가 미래 과학에 대한 비전을 보여주지 못하고 있으니 학생들은 졸업해서 당장 먹고살 길을 찾아나서는 것이다. CERN에서 행하고 있는 사회봉사 활동이라는 부분은 그런 의미에서 우리가 배워야 했다.

"또한 CERN에는 전 세계 거의 모든 국가에서 과학자와 학생들이 연구에 참여하고 인간이 할 수 있는 가장 큰 실험을 수행하고 있으므로 과학경영 기술이 요구됩니다.

예를 들어 과학기술은 매우 빨리 변화하고 있기 때문에 기술자들이 과거에 습득했던 기술이 곧 쓸모없어질 수도 있습니다. 그러므로 기술자들에 대한 재교육도 중요한 것이지요. 또한 CERN이 개발하는 신기술을 외부 기술자들에게 교육하는 프로그램도 진행하고 있습니다."

과학경영 기술이라. 생소하기는 했지만 우리나라에 장차 과학도시가 건설되고 가속기 연구소가 돌아가게 되었을 때, 반드시 숙지하고 있어야 할 부분이었다.

CMS와 ALICE 실험동

CERN에 대한 개략적인 소개를 듣고 본부에서 나와 버스를 타고 CMS 검출기가 있는 곳으로 향했다. CMS와 ALICE는 프랑스 영토에 있어 국경을 넘어 프랑스로 들어갔다.

버스 안에서 동행한 홍승우 교수와 계속 이야기를 나누었다. 내가 이해하지 못했던 부분을 묻기도 하며 우리나라의 연구 현실에 관해 들었다.

"우리나라 과학자들과 학생들은 CERN뿐만 아니라 미국, 유럽, 일본 등지에서 가속기를 빌려서 사용하고 있습니다. 물론 이렇게 남의 나라 기계를 빌려 사용해도 어느 정도 필요한 것을 배울 수는 있습니다. 그러나 실험에는 핵심적인 내용과 비핵심적인 내용이 있는데 핵심적인 것은 전혀 배울 수가 없습니다. 그들 입장에서 남의 나라 학생들에게 핵심적인 업무를 맡기지 않기 때문입니다. 그렇지만 우리나라에 우리 기계를 갖게 된다면 핵심적인 내용을 학생들에게 바로바로 가르칠 수 있습니다. 그렇게 교육을 받아야만 그 학생들이 박사학위를 받고 세계적인 과학자와 경쟁할 수 있는 기본 능력이 갖추어지게 됩니다. 젊은 과학자들이 고유한 아이디어로 실험을 계획하여 진행하면서 때로는 실패를 통해서 배울 수 있도록, 우리에게도 기계가 필요합니다."

참고서도 빌려보면 줄도 그을 수 없고 필기도 할 수 없다. 게다가 금방 돌려주어야 한다. 내 돈을 주고 사서 보는 것에 비해 제대로 공부하기가 어려운 것은 당연하다. 가속기를 통해 연구하고 기술을 개발할 수 있는 것이 매우 많은데 계속 남의 나라 것을 빌려만 본다면 가속기를 가진 나라들과 어떻게 경쟁이 되겠는가.

그러한 생각을 하는 동안 버스는 프랑스 국경을 넘어 CMS에 도착하였다. CMS 실험동에는 그나마 많은 국내 학자들이 참여하고 있었다. 강원대학교, 건국대학교, 경북대학교, 고려대학교를 비롯한 13개 학교의 이름을 찾을 수 있었다.

헬멧을 쓰고 CMS 대표자인 델라 네그라 박사를 따라 시설을 돌아보았다. 그냥 보기에는 공단 시설 같았다. 엄청난 크기의 전자석들이 있었고 벽면으로 수많은 파이프관이 둘러쳐져 있었다. 이 거대한 검출기 안에서 입자들이 서로 충돌하게 될 것이라고 했다.

그곳에서 다시 버스를 타고 ALICE 실험동으로 가야 했다. 버스가 떠나기 전마다 인원 파악을 하는데 1명이 부족했다. 기자 한 사람이 보이지 않았다. 5분쯤 후에 후다닥 버스 안으로 들어온 그 기자는 죄송하다며 인터넷을 쓸 수 있는 곳이 있기에 기사를 송고하고 왔다며 양해를 구했다.

자신의 임무를 다하느라 바빴을 그의 사정을 생각하니 성격이 급한 나로서도 이해가 되었다. 그래서 그가 무안하지 않도록 오히려 칭찬을 했다. 나는 열성적인 사람은 무조건 예뻐 보인다. 남에게 폐를 끼치지 않는다 해도 게으른 태도는 눈에 거슬리고 성실한 태도는 대부분의 상황에서 용서가 되었다.

ALICE 실험동으로 들어가 지하로 내려가는 엘리베이터를 탔다. 헬멧을 쓰고 덜 완성된 것 같은 엘리베이터를 타니 젊은 시절 숱하게 돌아다녔던 건설 현장에 온 기분이 들었다. 지하 수십 미터를 내려갔다. 꼭 토끼를 따라 동굴 아래로 떨어진 이상한 나라의 앨리스가 된 기분이었다. 이곳에서는 ALICE 실험동의 대표자인 슈크라프트 교수가 설명을 시작했다.

"우주가 137억 년 전 빅뱅에 의해 시작되고 얼마 후 아직 입자나 원자가 만들어지기 전에 쿼크(quark)와 글루온(gluon)의 플라즈마

(plasma) 상태에 있었을 때를 재현하려 하고 있습니다."

ALICE는 우주의 탄생 상태로 돌아가서 물질의 근원을 연구하는 곳이었다. 교수를 따라가면서 충돌에서 나온 입자들을 검출하는 원리나 입자가속기의 원리에 대한 설명을 들었다. 대학에 갓 입학하여 첫 수업을 들었을 때처럼 흥미로웠고, 이 땅 속에서 연구를 위해 땀 흘리는 과학자들의 일하는 모습이 참으로 행복해 보였다.

정부의 지원이 필요하다

시설 관람을 끝내고 CERN에 체류 중인 한국인 과학자들과 환담의 시간을 가졌다. 핀란드 대학이나 미국 대학에서 파견되어온 사람도 있었고 경북대나 강릉대처럼 우리나라 대학에 소속된 사람들도 있었다.

이곳을 찾아온 한국인 정치인은 내가 처음이라고 했다. 그래서인지 연구자들은 평소 가지고 있었던 생각을 아낌없이 꺼내놓았다. 국가에 하고 싶은 말이 한 두 가지가 아닌 모양이었다.

한국 소속이 아닌 사람들도 있었지만 한국인 국적으로서 CERN에 있는 사람들은 그날 모두 9명이었다. 100명이 넘는 일본인이나 35명 정도 되는 중국인들에 비하면 극소수였다.

"그 숫자는 우리나라 정부가 연구비를 얼마나 지원해주는가에

CERN의 시설 탐방을 끝내고
CERN에 체류 중인 한국 과학자들과
만남의 시간을 가졌다.
과학자들은 기초과학에 대한 정부의
적극적인 지원을 요청했다.

달려 있습니다. 일본은 우리보다 50배 이상 재정 지원을 하고 있습니다."

어느 연구원의 말이었다.

한국은 사람이 자원인 나라이다. 그리고 미래 한국이 살 수 있는 길은 과학기술을 진흥시키는 길뿐이다. 지금의 기술력을 가지고는 10년, 20년 내에 다른 국가들에 따라잡힐 것이다. 더 멀리 내다보면서 우리만의 독자적인 기술을 가지고 있어야 하는 것이다.

이를 위해 기초과학에 관심을 집중해야 한다는 나의 의견을 먼저 밝혔다. 그리고 연구원들을 격려했다. 먼 나라에까지 와서 자신의 일에 매진하는 그들이 안쓰럽기도 하고, 그런 그들이 있어 우리나라 과학계가 희망이 있다는 생각이 들었다.

"이런 세계적인 곳에서 국제적인 감각을 갖춘 과학자가 되고 싶습니다. 일본의 경우에는 우수한 과학자를 양성하기 위해 일종의 장학금 제도를 만들어 많은 대학원생이 CERN에서 실험을 하고 있습니다. 일본과 같이 한국도 CERN과 장학 제도를 만들어서 공부하고자 하는 학생들을 지원했으면 좋겠습니다."

"한국 과학자들끼리 협력이 부족하다는 점도 문제입니다. 중국, 일본의 경우 같은 나라 사람들끼리 하나의 연구기관을 만들어 CERN과 직접 연구 협력을 하기 때문에 예산 낭비를 줄이면서 일관성 있게 조직적으로 협력할 수 있습니다.

그런데 우리나라의 경우에는 대학별로 CERN과 따로 접촉해서 연구를 하려다 보니 노력이 분산되고 잡음이 나는 경우도 있습니다. 우리나라도 기초과학 관련 연구소들끼리 협력 창구를 만들어서 진행하는 것이 효율적입니다."

'장학금 제도와 연구 협력 창구 만들기.'

나는 이것을 메모지에 써두었다. 장학금을 지원한다든가 정부가 나서서 연구기관들 간의 네트워크를 만들어주는 것은 아주 기본적인 것이었다. 상황이 이러한데 어떻게 정부가 과학기술 발전에 관심이 있다고 말할 수 있을까?

"정부도 CERN의 연구에 참여하는 것이 필요하다는 것을 인식하고 있습니다. 하지만 우리가 참여하고 그대신 기술을 받아가는 과정을 효율적으로 지원해줄 수 있는 안목이 부족하다고 봅니다. 이곳에는 전략적으로 중요한 연구소들이 많이 와 있습니다. 적절한 지원과 투자로 우리가 필요로 하는 것을 한국으로 가져가야 하고 그런 역할을 할 수 있는 창구와 관리가 필요합니다."

연구원들의 이야기를 듣다 보니 현재의 문제가 무엇이고 국가가 어떤 역할을 해야 하는지를 분명히 알 수 있었다. 일본의 경우는 국민소득이 1만 달러가 되기 전에 그런 협력 관계가 이루어졌다. 우리나라는 한참 늦은 셈이다.

정부의 답답한 대응

우리나라의 경우 기술 연구 부문에 편성된 예산은 1년에 10조 원 정도다. 액수만 보면 적은 수준이 아니다. 하지만 응용기술 연구에 비해 기초과학에 지출되는 연구비용은 많이 부족하다. 기초과학 연구 지원은 민간 기업이 할 수 있는 일도 아니고 국가적인 차원에서 해야 한다.

과거 1980년대에 중국에 갈 때마다 항상 느낀 점은 중국의 국민소득이 아주 낮은 수준인데도 불구하고 기초과학에 대한 연구가 매우 활발하다는 것이었다. 대부분의 중국 과학자들은 러시아에서 공부를 하고 와서 러시아어를 유창하게 구사했다. 구 소련이 기초과학이 발달했던 나라였기 때문에 서로 교류를 하다 보니 그렇게 된 것이었다.

그 당시 중국은 공산국가였기 때문에 자본주의 사회처럼 산업과 응용기술이 발전할 수는 없었다. 그러나 국민소득 수준이 낮은데도 국가가 정책적으로 기초과학을 지원하였기 때문에 기초과학이 튼튼하였다. 실질적으로 사회주의를 포기한 지금은 튼튼한 기초과학에 힘입어 응용기술이 눈부신 속도로 발전하고 있다.

그에 비해 우리는 정부에서 과학기술부를 중요시하고 있기는 하지만 비전과 장기적인 정책 그리고 적절한 전략이 부족하고, 그때그때 예산을 어떻게 배분하느냐에 급급하기 때문에 기초과학에 대한 배려가 많이 부족해 보였다. 정부 시스템이 보다 효율적이고 경쟁력이 있어야 한다는 생각도 들었다.

간담회를 마치고 귀빈실 식당에서 에이마 소장 일행과 점심식사를 함께 했다. CERN 측에서는 에이머 소장 외에 비멤버국 대외협력 국장인 블랙쉬미트 박사, CMS 책임자 등이 나와 있었다.

이야기를 나누다가 블랙쉬미트 박사로부터 다소 불만 섞인 이야기를 들었다. 박사는 얼마 전에 한국을 방문했다고 한다. 한국을 방문한 목적은 CERN과 한국 정부와의 협력 교류 협정을 조율하기 위한 것이었다.

그는 2006년 초에 과학기술부에 메일을 보내어 한국의 연구자들이 CERN에서 원활히 연구할 수 있도록 교류 협정을 맺자고 제안하였다고 했다. 그런데 몇 달이 지나도록 과학기술부로부터 아무런 답변이 없었다는 것이다. 그래서 기다리다 못해 스위스 대사관을 통해 외교통상부에 문의하였다고 했다.

문의한 결과, 외교통상부는 그와 같은 교류 협정에 적극 찬성한다는 답변을 보내왔다. 그런데 왜 과학기술부 쪽에서는 답이 없는지 알수 없었다고 했다. 한참 후에 과학기술부로부터 답장이 왔는데 무슨 사정이 있었다는 것이다. 거의 반년이 다되어서야 의사소통이 이루어져 CERN과 대한민국과의 협정이 며칠 후에 맺어지게 되었다고 그동안의 고생한 이야기를 해주었다.

"제가 보기에는 한국 정부가 한국의 과학자들을 신뢰하지 않는 것 같았습니다. 그런 이유로 한국 정부가 적극적이지 않다보니 협정을 맺는 데 매우 힘들었지요."

그는 신뢰 문제를 여러번 강조하면서 계속 이야기를 이어갔다.

"한국의 입자물리학 실험 과학자들이 서로 단결해서 하나의 창구를 만드는 일에 힘을 합하지 못하는 것 같았습니다. 한국 과학자들이 대표를 선출하는 과정에서도 매우 갈등이 많았고 통일된 의견을 모으는 것도 힘들어서 많은 혼선이 있었던 모양입니다. 그래서 신뢰를 얻지 못하는 것 같았습니다."

이것은 앞서 CERN으로 파견 나온 연구자들과의 간담회에서도 언급됐던 문제였다. 하지만 그것이 과학자들만의 문제라고 할 수 있을까? 정부가 의견을 조정해주는 역할을 잘했더라면 갈등이 의외로 쉽게 해결될 수도 있었을 것이고 그러면 협력 관계가 빨리 이루어질 수 있었을 것이다.

대개 공무원 입장에서는 그러지 않아도 바쁜데 그런 일에 개입했다가 수고스러운 일만 생기니 적극적으로 맡는 것을 꺼릴 수도 있다. 그러나 국가를 위한 일이 곧 자신의 일이라는 생각으로 힘을 모으는 노력과 지혜가 필요하다. 그런 노력이 국가 경쟁력을 높일 수 있다.

독일의 작은 거인 GSI

한국인 연구원들과 작별 인사를 하고 곧바로 버스에 올라서 제네바 공항으로 향했다. 독일로 넘어가 독일국립중이온연구소인 GSI를 돌아볼 계획이었다. GSI는 프랑크푸르트에서 조금 떨어진 곳에 있는 아담한 도시, 다름슈타트에 있는 국립 연구소다.

하지만 공항에서 예기치 못한 일이 벌어졌다. 비행기가 떠나고 없었던 것이다.

공항 관계자가 화를 내고 야단이었다. 사정을 들어보니 무엇인가 착오가 생긴 모양인지 비행기 예약 시간이 우리가 알고 있던 시간보다 1시간 정도 일렀던 것이었다. 항공사 측에서는 많은 인원이 오지 않다 보니 얼마 동안 기다렸다가 우리의 짐을 내리고 떠났다고 했다. 비행기 안에서 기다린 다른 승객들의 항의가 얼마나 심했을지 알만했다.

예정 시간 내에 GSI에 도착하기는 불가능했다. 동행한 스태프들이 안절부절 대책을 찾기 바빴다. 일단 GSI에 양해를 구할 것을 지시했다. 다른 방법을 알아본 일행이 말하기를 뮌헨으로 돌아가는 길이 있으나 비용이 만만치 않다고 했다. 모두들 내 기색을 살피고 있었다. 잠시 생각한 끝에 나는 이렇게 말했다.

"따로 흩어집시다. 나랑 꼭 함께해야 할 몇 사람만 GSI로 가고 나머지 사람들은 다음 목적지에서 만나는 걸로 하죠."

그렇게 나와 홍승우 교수, 기자들 해서 다섯 사람만 GSI가 있는 다름슈타트로 출발했다. 우리가 예정보다 2시간 정도 늦게 도착했음에도 불구하고 연구소의 소장과 모든 고위 간부들이 우리를 위해 자신들의 일정을 변경하고 대기하고 있었다. 도착하자마자 소장실 옆의 회의실에서 연구소에 대한 소개를 받았다. 이 연구소는 1969년에 설립되었다고 하는데 그 당시 독일의 일인당 국민소득은 대략 1만 달러 정도였다. 그에 비해 일인당 국민소득이 약 2만 달러인 우리나라가 아직도 이런 시설을 갖고 있지 않다는 것은 기초과학지원을 매우 소홀히 해왔다는 생각이 들었다.

GSI의 1년 예산은 7,700만 유로라고 하였다. CERN보다 예산도 적고, 직원 수도 1,050명으로 훨씬 적었다. 한 국가가 운영하는 대형 시설이라는 점에서 우리나라가 모델로 삼을 수 있는 연구소이므로 주의 깊게 구조와 조직 등을 살펴보았다.

CERN과 마찬가지로 GSI 내에는 크고 작은 여러 가속기 장치들이 연결되어 있었다. 그런데 CERN과 두드러지게 다른 점이 있었다. 일년에 약 1,000명 정도의 이용자들이 GSI를 방문, 가속기를 사용해 연구를 하는데, 이 이용자들이 대개 독일 국내 대학에서 온다는 것이었다. CERN은 유럽의 20개 국가가 공동 출자한 기구로서 전 세계 과학자들이 이용하지만 GSI는 독일국립연구소로서 독일 자국의 과학자들이 이용의 우선권을 갖고 있다는 느낌을 받았다. 그렇지만, GSI도 국제적인 연구소이므로 매년 약 50개 국가의 4,000여 개 대학 또는 연구기관에서 이용자들이 몰려온다고 한다. 그럼에도 불구하고 GSI의 이용자 대부분이 독일인이라니 독일의 기초과학 연구가 얼마나 활발한지 짐작할 수 있었다.

CERN과의 다른 점은, GSI에서는 기초연구를 통하여 원천기술이 개발되면 그를 특허로 출원하여 지적재산권을 보유한다는 것이었다. CERN은 여러 유럽 국가들이 공공의 목적으로 설립하다 보니 수많은 원천기술의 개발이 이루어져도 특허를 출원하지 않는데 GSI는 그렇지 않았다. 국립연구소로서 국가의 이익을 먼저 생각하는 것이다. GSI에서도 각종 원천기술이 개발되었는데, 그 중에 특히 내 시선을 끈 것은 탄소이온빔을 이용한 암치료 기술이었다. 1997년부터 GSI에서 임상에 이용되고 있는데 특히 뇌에 암이 생기면 외과적인 수술을 하지 않고 탄소이온빔을 쪼임으로써 암세포를 선택적으로 죽일 수 있는 놀라운 기술이었다. 2005년 현재 약 250명의 환자를 성공적으로 치료하였고 완치율이 70%를 넘는다고 하였다. 환자 입장에서는 외과적 수술을 하지 않으니 좋고, 탄소이온빔을 맞는다고 하여 아픈 것도 아니며, 암세포만 선별적으로 괴멸시킨다니 대단한 기술이 아닐 수 없다.

우리는 가속기 빔라인을 보러 가면서 특별히 이 시설을 주목하여 보았다. 또한 환자가 눕게 되어 있는 갠트리와 환자의 머리를 고정시키는 기구 등을 보았다. 이 시설은 매우 효과적이어서 하이델베르그 대학의 의과대학 내에 별도 건물과 함께 탄소이온빔 발생 가속기를 새로이 건설하여 앞으로 1년에 약 1,000명의 환자를 치료할 수 있도록 한다고 들었다.

이런 것이 '기초과학의 힘'이라는 생각이 들었다. 순수과학 연구를 위한 가속기를 지었는데 그것이 애초에는 생각지도 않았던 암치료에 활용이 되고 있는 것이다. 이처럼 순수학문이 낳은 원천기술의 힘을 좋은 예를 통해 보게 된 것은 큰 수확이었다.

GSI를 떠나면서 CERN과 GSI의 공통점을 느꼈다. 바로 젊은이들의 태도였다. CERN과 GSI에는 교수급의 중년 연구원들보다 대학원생 또는 젊은 연구원으로 보이는 사람들이 더 많았다. 그런데, 이들 젊은 연구원들의 태도가 놀라웠다. 젊은 여성 연구원도 많이 보았는데 한창 모양을 내고 싶어 할 나이이건만, 얼굴에 화장기도 없이 청바지에 운동화 차림으로 열심히 실험하거나 토론에 열중했다.

이 젊은이들을 저토록 자신의 일에 매달리게 하는 원동력이 무엇일까? 자연을 이해하고자 하는 탐구정신과 자신의 젊음을 바치는 헌신적 자세라고 생각된다. 그러한 헌신과 열정은 젊은이들의 마음속에 미래에 대한 비전이 있기에 가능할 것이다. 우리나라 젊은이들에게도 이러한 비전을 갖도록 해주고 싶다는 생각이 들었다.

일본의 KEK 그리고 J-PARC

CERN과 GSI를 돌아보고 그 후, 11월에는 가까운 일본의 과학도시 쯔쿠바를 방문하면서 가속기 연구의 비전을 점검하고 과학도시의 미래를 구상해보았다. 스위스, 독일, 일본, 이렇게 여러 나라의 과학

도시들을 돌면서 특징과 문제점들을 분석하여 더 나은 과학도시의 밑그림을 그려보리라 했던 것이다.

도시들을 돌면서 가속기 시설과 기초연구가 얼마나 필요하고 유용한지를 분명히 알 수 있었다. 일본의 경우 1971년에 벌써 쯔쿠바에 고에너지 가속기 연구소인 KEK를 설립하여 고에너지 양성자 가속기를 건설하기 시작하였다.

쯔쿠바에는 KEK 연구소를 비롯하여 여러 일본국립연구소 및 산업체 연구소들이 자리 잡고 있는데, 일본 국내 연구소의 30%가 이곳에 본부를 두고 있다고 한다. 한편 이 도시는 친환경 도시로 계획되어서 쾌적한 공원과 환경을 갖추고 있었다. 바로 이곳에서 일본이 자랑하는 물리학 분야의 세계적인 연구 업적이 나왔고, 2002년도에 KEK는 노벨 물리학상 수상자를 배출하였다.

일본은 여기에서 그치지 않고 KEK를 훨씬 능가하는 J–PARC라는 새로운 가속기를 약 1.5조 원의 예산을 들여 토카이에 건설하고 있다고 J–PARC 소장인 나가미야 교수가 소개하였다.

일본은 완전히 과학국가로 자리매김했으며, 오히려 서양 선진국 과학자들이 일본의 시설을 이용하기 위해 방문하는 것을 볼 수 있었다. 그런 기초학문의 힘이 일본의 세계적인 기술 경쟁력을 뒷받침하고 있는 것이다.

하지만 도시라는 측면에서 살펴봤을 때 쯔쿠바는 역시 다른 과학도시들과 마찬가지로 과학 연구와 산업에만 역량이 집중되어 있다는 느낌을 받았다. 사람들이 방문하고 싶어 하고 살고 싶어 하는 도시는 아니라는 말이다.

도시란 사람들이 활발하게 오가야 하는 곳이 되어야 하고, 인생의 희로애락과 삶의 냄새와 진한 감동이 있어야 한다. 과학의 장기적인 발전을 위해서라도 그러한 살아 있는 과학도시가 필요하다.

과학도시 곳곳에 다양한 예술 공간이 있다면 과학도시의 역할이 단지 연구 성과와 경제적 가치 생산만이 아니라 문화 생산지의 역할도 할 수 있지 않을까? 그렇다면 많은 사람들이 즐겨 찾는 도시가 되지 않을까?

'과학도시가 예술과 함께한다면 어떨까?' 21세기 첨단과학기술과 예술이 만나면 새로운 문화의 패러다임이 펼쳐지지 않을까?

돌아오는 버스 안에서 나는 우리나라 미래 과학도시의 설계도를 머릿속으로 그려보았다. 가속기와 연구소들, 산업체들, 토론하는 과학자들의 모습과 콘서트 공연장, 전시회장을 교차시켰다. 행복한 꿈이었고 현실이 될 꿈이었다.

물길 따라 흐르는 희망의 노래 **한반도** 대운하

물길의 위대함

지난 2005년 청계천이 서울 도심에 흐르기 시작하고부터 많은 변화가 일어났다. 작은 물길이 하나 생겼을 뿐인데 사람들의 관심은 폭발적이었다. 청계천의 과거를 기억하는 사람들이 청계천을 처음 보는 젊은이들과 만났고, 청계천 복원 사업에 찬성했던 사람들과 반대했던 사람들도 이곳에 함께 모였다. 그리고 대한민국 8도의 물이 만나서 흘렀고, 잘사는 사람 못사는 사람 할 것 없이 모두가 이곳에 모였다.

만남이 생겨나니 그것은 문화가 되었고 청계천을 따라 문화 예술의 길이 태어났다. 사람들이 모이니 주변 상권들이 살아났고 일자리가 생겼고 청계천 주변은 예전의 활기를 되찾았다. 단지 작은 물길이 하나 생겼을 뿐인데 말이다.

물은 생명과 문화를 잉태하고 기적을 낳는다. 인류의 문명도 물이 흐르는 곳에서 탄생되었다. 물이 마르면 생명도 사라진다. 그래서 나는 물길의 위대함을 믿는다.

우리나라는 막혀 있는 부분이 많다. 경제의 흐름도 성장도 막혀 있고 양극단으로 치우친 사고들의 소통도 막혀 있다. 막힌 혈관을 방치하면 터져서 뇌출혈이 된다. 막힌 곳은 시급히 뚫어야 하는 것이다.

유럽은 각 나라를 이어주는 운하를 통해 서로 다른 문화와 삶의 방식을 이해해갔다. 그들은 벌써 중세시대부터 운하 건설을 주목하였고, 그리하여 북해의 항구 네덜란드의 로테르담으로부터 흑해의 항구, 루마니아의 콘스탄자까지 유럽 대륙을 관통하는 3,500km의 물길을 만들어낸 것이다.

독일이 통일되고 맨 먼저 시작한 사업 중에 하나가 라인 강(프랑스 국경)과 오더 강(폴란드 국경)을 잇는 운하를 건설한 것이다. 운하는 동독과 서독인들의 마음을 연결하며 내적인 화합을 이루게 했고 그곳으로 물류가 이동하면서 일자리가 생겨나고 경제가 활력을 찾게 되었다.

유럽은 하나의 공동체로 불릴 만큼 경제, 문화 등의 교류가 빈번하다. 또한 그렇기 때문에 선진국들이 많다. 유럽이 이만큼 발전한 배경에는 삶을 끈끈하게 이어주는 물길이 있었다.

우리나라의 막힌 곳을 뚫어줄 수 있는 것도 역시 물길이라는 생각이 들었다. 동서남북을 잇는 독일의 물길이 자국인들의 화합을 이룸과 동시에 유럽을 하나로 뭉치게 했듯이 우리나라를 하나로 뭉치게 만들 수 있는 것도 바로 물길일 것이다.

기업가로 있을 때 다른 여러 나라들의 운하를 직접 살펴본 적이 있다. 운하의 효력을 일찍부터 알았기 때문에 1996년 7월 국회 본회의에서 경부운하 건설을 주장한 적이 있었다. 논란이 일었다. '얼마나 이득이 될 공사냐', '환경 파괴가 심하지 않겠느냐'라고들 했다.

서울시장 직에서 물러나 우리나라의 현재와 미래를 생각해보면서 여전히 물길은 우리나라의 성장동력이 될 것이라 생각했다. 그래서 구상을 구체화하기 위해 부산에서부터 충주까지 국내 구석구석을 돌아보았다. 그곳에서 나는 운하의 가능성을 재확인했다.

특히 한반도 운하는 환경개선 사업이다. 트럭으로 이동하던 화물이 운하를 이용하게 되면 대기의 질이 개선된다. 나아가 운하 주변 환경의 변화로 경관도 좋아질 것이다. 운하를 따라 부산에서 서울까지 자전거나 인라인스케이트로 이동하는 모습도 보게 될지도 모른다.

그리고 2006년 10월, 유럽 운하 탐사를 떠났다. 유럽 운하를 통해 배울 수 있는 것은 무엇이며 하지 말아야 할 실수는 무엇인지 파악하기 위해서였다.

유럽으로 떠나기 얼마 전 북한에서 핵실험을 감행했다는 소식이 들려왔다. 북한과 우리나라와의 소통 역시 잔뜩 막혀 있다는 것을 실감했다. 남북으로 갈라진 분단의 상처를 치료할 수 있는 것도 물길이라는 생각이 들었다.

북에서부터 남으로 이르는, 한반도를 관통하는 물길을 상상했다.

'한반도 대운하는 지역, 정파, 남북을 하나로 모을 것이다.'

나는 희망을 확신했다.

먼 미래를 내다보는 리더십

2006년 10월 24일 프랑크푸르트에서 기차를 타고 뉘렌베르크에 도착하니 날씨가 매우 좋았다. 전날 저녁까지 비가 와서인지 공기도 참으로 상쾌했다.

기차를 타기 전에는 식사도 제대로 하지 못한 데다 좌석들이 떨어져 있어 한바탕 소동이 벌어졌었다. 아침식사를 하지 못한 스태프들을 위해 호텔에서 빵을 챙겼지만 일행들은 자리에 앉기 바쁘게 곯아떨어졌다. 나 역시 피로가 몰려왔다. 하지만 프랑크푸르트의 화창한 날씨 덕분에 피로가 한순간에 가시는 기분이었다.

독일에서 가장 큰 강인 라인 강은 마인츠라는 도시에서 마인 강과 만나고, 마인 강은 밤베르크에서부터 도나우 강과 만나 함께 흐르고 있었다. 마인 강과 도나우 강을 만나게 하기 위해 만든 인공 물길이 밤베르크에서 켈하임까지의 구간이고, 뉘렌베르크는 이 두 도시 가운데 위치한 내항이었다.

뉘렌베르크의 연방수로국장 A. 덴과 라인–마인–도나우(RMD) 운하 관리소의 관리과장 텝크 여사가 역에 마중나와 있었다. 그들과 함께 버스를 타고 힐폴트슈타인이라는 마을의 유럽 분수령이 있는 곳으로 이동하였다. 고지는 해발 406m라고 했다.

그들은 우리 일행을 갑문 위로 안내하였다. 그곳에 세미나실이 있었다. 창 밖으로 보니 한강보다 폭이 좁고 마치 자연의 하천과도 같은 인공 물길이 유유히 흘렀다. 그리고 양쪽으로 조성된 둔치 산책로에 사람들이 자전거를 타거나 산책을 하고 있는 모습이 보였다. 백조

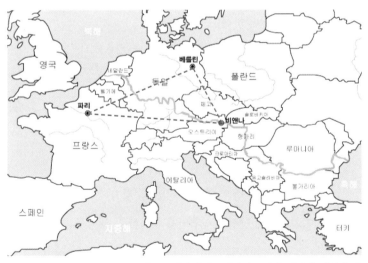

북해와 흑해를 연결하는 RMD 운하는 유럽의 산업 트라이앵글(파리–베를린–비엔나)의 중요한 축 역할을 하고 있다.

들도 유유히 헤엄치고 있었다.

RMD 운하의 공사규모와 기간, 물동량 그리고 운하 주변의 생태 문제 등에 관해서 듣게 되었다.

"RMD 운하 공사를 할 때 BC(비용대비 편익비율)가 전문가 집단에 따라 0.5~1.5 정도 되다 보니 시공을 하지 말아야 한다는 주장도 거셌습니다. 그래서 건설을 하게 되면 상황이 바뀌게 될 것이므로 운하를 건설하여야 한다는 주장과 팽팽하게 맞섰지요. 개통 10년이 지난 후 BC는 1.5 이상으로 올랐고 물동량도 연간 300만 t으로 예상 되었던 것이 현재는 600만 t으로 늘었습니다."

이렇게 말하는 수로국장의 얼굴에 자부심이 묻어났다.

BC는 운하의 건설을 어떤 측면에서 보느냐에 따라 달라지므로 매우 신중하게 고려해야 한다고 했다.

"RMD 운하 공사는 긍정적이고 신중하게 검토해서 내린 BC의 계산치가 결국 들어맞았거든요."

이 이야기를 들으면서 나는 경부고속도로의 건설 상황을 떠올리게 되었다.

부산과 서울을 잇는 도로를 닦아보았자 이동할 물류가 많지 않다는 주장 때문에 당시에는 반대 의견이 많았다. 투자한 만큼 이익이 크지 않다는 이야기였는데 당장의 상황만을 생각했을 때는 물론 그랬다.

하지만 그 후로 불과 몇 년이 지나자 물동량은 급속히 많아지고 경부고속도로의 이용률은 커졌다. 지금 생각하면, 경부고속도로가 없었으면 우리나라가 어떻게 살았을까 싶을 정도다. 그리고 고속도로가 지나가는 주변으로 공장과 기업이 들어서고 도시들이 성장하고 일자리가 무수히 생겨났던 것을 생각해보면 경부고속도로는 우리나라 경제 성장의 대들보였다.

경부고속도로 공사나 운하 공사와 같이 규모가 큰 사업은 실패했을 때의 피해 부담은 어마어마하다. 그래서 공사를 결정할 땐 모두들 신중해진다. 신중한 것은 좋다. 하지만 현 상황과 한 치 앞만 내다보고 반대하는 것은 어리석은 일이다. 그런 시야를 가지고는 발전할 수가 없다.

경부고속도로 공사는 먼 미래를 내다보는 안목으로 이루어졌던 일이었다. 우리나라가 현재 겪고 있는 침체에서 벗어나기 위해서는 무엇보다도 먼 미래를 내다보고 이끌어가는 리더십이 필요하다.

고지를 넘어서

"이곳에 컨테이너를 실은 배가 다니고 그 배가 이 높은 산을 넘을 수 있다니, 이해가 쉽게 되지 않습니다."

일부 기자들이 심드렁한 얼굴로 말했다. 빡빡한 일정에 기차와 버스를 번갈아 타고 왔던 까닭인지 그들은 피곤기가 역력했다. 배라도 어서 지나가지 않는다면 카메라도 필기구도 다 놓아버릴 태세였다.

배가 마인 강에서 고저를 극복해 정상까지 올라와서 다시 내려가는 그림을 보았다. 우리가 있는 이곳이 마인 강과 도나우 강 사이의 육지 171km를 파서 물길을 낸 마인-도나우 운하의 가장 높은 지대였다.

"배가 들어오면 갑문 양쪽에 저장된 물이 투입되어 반대쪽 강 수위까지 맞추게 됩니다. 그러면 통과할 수 있는 것이지요."

수로 운영을 맡은 테프케 과장이 기술적인 부분을 설명하는 동안 드디어 배 1척이 도착했다. 앉아 있던 일행들은 우르르 밖으로 몰려나갔다. 긴장된 순간이었다.

배가 갑문을 들어가 이동하는 과정을 살펴보기 위해 관제탑으로 들어갔다. 갑문 4개를 한 관제탑에서 원격 관리하고 있었다. 관할 수로 구간에 어떤 배가 어느 시간에 지나갈 것인지가 미리 컴퓨터에 입력되어 조용하고 안전하게 관리되고 있는 것이다.

목재를 실은 네덜란드 화물선이라고 했다. 배가 들어오자 갑문 안으로 점점 물이 차오르고 따라서 배가 엘리베이터를 탄 것처럼 솟아올랐다. 그러더니 15분 만에 반대편 강의 수면과 같아졌다.

갑문이 열리자 배가 천천히 나아갔다. 기자들 사이에서 탄성이 흘러나왔다.

"운하라는 것이 이렇게 간단한 것입니다. 요즘에는 기술이 더 좋아졌으니 우리는 갑문 통과 시간을 더 줄일 수 있겠지요. 그리고 건식 갑문, 그러니까 역추를 이용해 엘리베이터처럼 배를 끌어올리는

2006년 10월 24일. RMD 운하관리소.
독일 운하를 지나는 네덜란드 바지선은
물길의 열린 힘을 상징하는 듯했다.

방법은 물이 없어도 가능합니다. 그러면 수자원을 보존할 수 있겠지요. 모두 압력과 무게 차이를 이용한 것이기 때문에 최소한의 전기만 사용해도 됩니다."

갑문을 통과해 나아가는 배처럼 우리 일행의 마음도 시원해졌다. 심드렁하던 기자들의 반응도 일순간 달라졌다. 그 이후 기자들의 질문 공세에 시달렸던 것은 말할 것도 없었다.

운하를 지나는 배는 바지선이라고 불리는데 강의 너비에 맞게 폭이 좁고 길다. 배 안에는 없는 것이 없다. 주거 공간과 침실은 물론이고 오토바이와 자동차까지 들어가 있었다. 기자들은 생소한 바지선을 보며 연신 플래시를 터뜨렸다.

운하로 이동하는 시간이 길기 때문에 선상에서 의식주를 해결하고 있는 것이었다. 그야말로 물 위에서 여행하는 생활이었다. 그래서인지 가족들을 동승하고 있는 경우도 많다고 했다. 바지선을 구경하기 위해 다시 밖으로 나왔다. 창문 안으로 단란한 가족들이 보였다.

나는 귀여운 어린아이를 향해 두 팔로 하트 모양을 만들어보였다. 주변 사람들이 웃음을 터뜨렸다. 의외의 모습이라는 반응이었다. 귀여운 어린아이들을 싫어하는 사람이 있을까? 어린아이는 동양인의 얼굴을 신기한 듯 바라보더니 미소를 지었다.

문경새재 넘기

고지를 쉽게 통과하는 배를 보고 있자니 지난 여름 국내를 탐사했던 때가 생각났다. 우리나라도 한강과 낙동강 그리고 금강이 만나기 위해서는 고지를 넘어야 한다. 이 고지가 바로 '새도 쉬어간다' 는 문경새재다. 힐폴트슈타인 갑문을 통해 유유히 고지를 넘어가는 배를 보고 있자니 문경새재를 넘는 난공사가 생각보다 더 수월히 풀릴 것 같았다.

부산 을숙도에서부터 시작된 국내 탐사는 2006년 8월 17일부터 20일까지 3박 4일 동안 진행되었다. 경남에서 경북 그리고 충북과 경기도를 돌았다. 아내가 골라준 등산복에 등산화, 등산모까지 만반의 준비를 갖추었다.

18일 밤, 경북 상주 낙동강 강변에 마련한 텐트에서 모기향을 피워놓고 기자들과 간담회를 가졌다. 한계에 다다른 지방도시의 발전을 위해 획기적인 변화가 있어야 하고, 그 가능성이 운하에 있다는 의견을 밝혔다. 이 탐사의 핵심이 되는 이야기였고 그만큼 여러 번 강조한 바 있었다.

밤늦게야 잠을 청할 수 있었다. 야영은 오랜만이었다. 강 냄새와 모기향이 은은하게 났다.

19일엔 삼강나루에서 상주 낙단교까지 낙동강으로 합류되는 강

2006년 8월 19일.

낙동강의 지류 이안천을 탐사했다.

중 하나인 이안천을 탐사했다. 해병대 전우회의 도움을 받아 보트를 타고 직접 수심을 재기도 했다. 수심은 1.5m밖에 되지 않았다. 2,500t급 바지선이 다니려면 최소 4~6m는 되어야 했다.

거기서 차를 타고 충주와 문경 사이에 놓인 문경새재를 보러 갔다. 문경새재에 있는 고지 중 하나인 조령산에 올랐다. 낙동강과 한강을 잇는 운하의 가장 핵심적인 사업이 이루어질 곳이었다.

낮은 지대의 강 위를 건너던 배가 산 위로 오를 수 있을까? 많은 사람들이 이해하지 못하는 부분이었지만 유럽에서는 이미 현실화되었다.

갑문에 들어간 배는 갑문 양쪽에 저장된 물이 투입되면서 높이 떠오를 것이고 그렇게 되면 높은 지대의 강과 만나게 될 것이었다. 조령산 꼭대기가 아닌 중턱에, 터널을 뚫어 그곳으로 배를 나아가게 하면 공사는 빠르고 더 쉬워진다.

물이 서서히 차오르면 갑문에 들어선 배는 104m까지 떠오른다. 그리고 터널을 통과해서 반대편 강으로 나아간다. 획기적인 방안이었고 그만큼 사람들이 의아하게 생각하는 일이었다. 터널을 뚫어서 배가 들어가게 하는 기술은 있었다. 다만 장소 선정에 있어서는 전문가들과 상의해 좀 더 신중하게 결정하기로 했다.

일부에서는 환경 파괴 문제를 들었지만 그 논리는 너무나 단순했다. '산에 구멍을 뚫는다니 환경 파괴다' 라는 식이었다. 하지만 조금만 더 생각해보면 그런 말이 나올 수가 없다. 도로나 철도를 짓기 위해서는 수십 개의 터널을 뚫어야 한다.

철도 같은 경우는 서울 – 부산 구간에 터널만 42개다. 하지만 운하는 여기 있는 단 하나의 터널만 뚫으면 된다. 게다가 도로 이용으로 발생되는 대기오염이나 소음 등의 공해를 생각해볼 때, 운하 공사는 환경을 파괴하는 공사가 아니라 오히려 줄이는 공사인 셈이다.

그리고 이곳의 지형을 잘 연구하면 터널 외의 다른 방안으로도 물길을 틀 수 있을 것이다. 여러 가능성을 차후에 검토하여야 겠다는 생각을 하였다.

"나머지 구간은 하천 정비 공사 수준입니다. 하천의 보를 생각해보세요. 둔치나 제방처럼 만들어 친환경적인 개발이 되게 할 것입니다."

터널 구간을 살펴보고 나서 문경시의 작은 마을에 들렀다. 할머니들이 고추를 따고 있었다. 새빨간 고추가 먹음직스러웠다. 이 소박하고 작은 마을에 수천t급 배가 지나가는 운하가 생길 것을 상상했다. 운하를 통해 할머니들이 기른 고추들도 쉽게 여러 도시의 장으로 팔려나갈 수 있을 것이었다.

환경을 위한 운하 건설

힐폴트슈타인의 수로운영과장으로부터 운하로 인해 변화된 주변 환경에 대해 들었다.

"운하 주변의 수변 생태계는 건설 이전보다 훨씬 좋아졌으며, 지금은 사람들이 즐거운 비명을 지르고 있습니다."

건설 초기에는 운하가 환경을 파괴하지 않을까 우려하는 목소리가 컸다고 한다. 하지만 상황은 오히려 역전이 되었다. 뉘렌베르크 북부의 마인 강 유역은 물이 모자라 수질오염이 심각한 수준에 있었던 반면, 남부의 도나우 강 유역은 연중 높은 강우로 인하여 수자원이 풍부한 상태였다. 오히려 운하가 마인 강의 물 부족 문제를 해결하고 환경 문제를 해결한 것이다.

우리나라도 운하가 완성되면 가뭄 등으로 물이 일시적으로 부족한 낙동강 지역에 한강의 수자원을 공유함으로써 물 부족 문제와 환경 문제를 해소할 수 있을 것이다. 운하의 역할은 이 부분에 있어서도 빛을 발한다.

또 하나의 예로, 수로 주변에는 숲이 우거지고 그와 더불어 수변림에 의존하여 서식하는 비버가 이주하여 왕성하게 번식하고 있다고 했다. 운하를 조성할 당시에는 비버가 사라질 것이라며 환경론자들이 운하 건설을 반대했는데, 막상 운하를 건설한 뒤 생태 환경이 좋아져 이들 비버 수가 급격히 증가하면서 운하의 둑과 수변림을 해치는 경우가 발생한다는 것이다. 운하를 관리하는 입장에서는 비버 수를 줄였으면 했지만 생태학자들은 그냥 두기를 권한다는 설명까지 덧붙였다.

"수변림을 완전히 망칠 정도는 아니지만 비버 수가 급격히 증가한 것은 사실입니다. 비버는 나무를 갉아대는 능력이 뛰어나서 나무를 잘 쓰러뜨리는데 쓰러진 나무가 바지선 운행에 장애물이 되지 않도록 주기적으로 점검하는 수밖에 없습니다."

이와 같이 수변 환경이 잘 가꾸어져 있고 생태계 균형이 유지되어 현재 RMD 운하는 가장 친환경적인 물길로서 지역의 발전과 물류 이동에 크게 기여하고 있었다. 개발이 환경을 가꾼 친환경적인 개발의 좋은 사례이다.

기술이 발전하여 이제는 환경을 생각해서 개발을 한다고 아무리 이야기해도 사람들의 인식 속에는 여전히 환경과 개발이 대척점에 놓여 있다. 청계천을 복원한다고 했을 때나, 한반도 운하에 대한 구상을 꺼내놓은 지금도 많은 사람들의 반응은 "또 무엇을 때려 부수려고 하느냐"식이다.

사람과 자연이 함께 살아가다 보면 서로에게 영향을 주는 일이 생긴다. 아무리 사랑하는 부부라도 싸울 때가 있는 것처럼 말이다. 함께 살아가면 부딪히는 일이 생기기 마련인 것이다. 자연재해로 인해 사람이 죽을 수도 있고 사람이 자신에게 편리한 것을 마구잡이로 만들다 보면 자연이 죽을 수도 있다. 서로가 전혀 다치지 않고 살아갈 수는 없다. 그렇다면 최대한 조화를 이루면서 살 수 있도록 노력해야 한다. 개발은 이제 그런 의미다. 자연만의 공간과 생존 영역을 최대한 배려해주는 것, 이러한 것을 세계 석학들은 '지속 가능한 개발'이라고 한다.

마구잡이로 나무를 베어 집을 짓는 것은 문제다. 하지만 집과 나무가 조화를 이룰 수 있게 나무를 옮겨 심고 잘 자라도록 돌보아주는 것은 환경을 가꾸는 것이지 자연을 파괴하는 일만은 아닐 것이다. 이것이 친환경적인 개발이다. 인간의 편리와 자연이 잘 조화되도록, 인간과 자연이 공생할 수 있는 방법을 찾는 것 말이다.

운하가 만든 전원 마을

미리 예약해놓은 식당에서 점심을 먹기 위하여 1시간 정도를 버스로 이동하였다. 버스는 RMD 운하를 옆으로 끼고 달렸다. 삭막한 인공 구조물이 아니라 마치 자연의 강변도로와 같아 드라이브를 하는 기분이 들었다. 강 주변에는 조깅을 하거나 자전거를 타는 사람들도 많았다.

식당은 작은 하천을 앞에 두고 있었다. 하천 주변은 우거진 나무들과 새들로 가을의 정취가 느껴졌다. 한 폭의 그림과도 같은 아름다운 풍경을 맞대하며 점심을 먹고 있으니 오랜만에 여유 있고 행복한 기분에 젖어들었다.

이것을 본 독일 수로과장은 뜻밖의 이야기를 들려주었다.

"이곳이 운하 건설 당시 반대가 가장 심했던 동네였습니다. 마을 사람들이 마을의 환경이 파괴되지 않을까 걱정을 많이 했었지요."

우리는 모두 눈이 휘둥그레졌다.

운하 건설로 만들어진 인공하천이 흐르는 힐폴트슈타인 인근 마을.

RMD 운하 건설을 가장 반대했다던 마을은

환경과 경제 면에서 이제 운하 건설의 이익을

톡톡히 보고 있었다.

"하지만 콘크리트 블록으로 마감된 배수로와 같은 마을 소하천을 운하 공사를 하면서 모두 헐어내고 자연 그대로의 하천으로 복원하였을 때, 그제야 주민들이 반가운 기색을 보였습니다. 지금은 완전히 살기 좋은 전원·휴양 마을이 되었습니다. 관광객들도 많이 찾고 노년층도 도심을 떠나 이곳에 자리를 잡고 전원 생활을 즐기고 있습니다."

'이래도 환경 파괴라고 할 수 있는가.'

이 이야기를 듣자 미래가 더욱 밝게 느껴졌다. 앞으로 있을 운하 건설에 확신을 가질 수 있었으며, 이것은 나 혼자만의 생각이 아니고 동행한 사람 모두의 생각일 것이라는 자신이 들었다.

"건설 당시에는 생활이나 환경 측면에서 여러 가지로 불편할 것 같아 많이 반대했지요. 하지만 이제는 너무나 감사하고 있습니다. 운하 덕분에 오히려 잘살게 되었으니 말입니다."

식당에 있던 주민 한 사람 역시 마을이 변화한 것에 대한 만족감을 표시했다.

청계천 사업 때가 또 생각났다. 착공 당시, 인근 상인들은 격렬한 반대시위를 벌였었다. 하지만 준공 후 그들의 태도는 180도 달라졌다. 나를 비롯한 시청 직원들에게 연신 고맙다며 좋아하던 그 모습들이 아직도 눈에 선하다.

운하 공사를 하면서 옆으로 내준 작은 물길 하나로도 마을 사람들의 삶은 훨씬 나아졌다. 주요 물길이 흐르는 주변 마을과 도시, 물길의 지류들로 둘러싸인 마을들, 그리고 그 마을에 인접한 마을들, 운하의 영향은 어마어마했다.

한반도에 운하가 들어서고 변화할 우리나라의 마을과 도시들을 상상했다. 운하는 물류비용을 줄이고 일자리를 만들어내는 경제적인 효과도 크지만 생활과 문화를 변화시킬 수 있다. 그것도 좋은 방향으로 말이다.

여의도에서 배를 타고 제천, 상주, 창녕, 단양으로 갈 수 있게 된다고 생각해보자. 또 이들 내륙지역에서 배를 타고 남해안까지 내려오는 등 내륙 하천과 연안의 물길이 이어진다면 문화가 활발히 교류되고 지역문화에 대한 이해도 빨라질 것이다. 그렇게 되면 격차도 사라진다. 그동안에 다소 발전이 부진했던 작은 도시들을 찾았던 것도 이러한 가능성을 찾아보고 주민들의 뜻을 마음에 담기 위해서였다.

치산치수가 가능한 나라

2006년 8월 17일, 탐사 첫날엔 부산 을숙도에서 밀양, 밀양에서 창녕으로 돌았다. 밤이 늦어서야 창녕군 남지읍 상남마을에 도착해 마을회관에 짐을 풀었다. 많은 주민들이 반가이 맞아주셨다.

개구리 울음소리가 들려오고 흙냄새, 풀 냄새가 향긋했다. 마치 어린시절 고향집에 온 것 같은 기분마저 들었다. 커다란 느티나무 아래에 마을 주민들과 얼굴을 마주하고 간담회를 가졌다. 사실 간담회

2006년 8월 17일

상남마을에 도착했다.

한반도에 물길이 트이면

이곳을 찾는 사람들이 많이 늘어날 것이다.

라기보다 이런저런 사는 이야기를 나누는 자리에 가까웠다. 그만큼 마음이 편했고 마을 사람들에게 정감이 갔다.

고향마을 같다는 생각이 들다 보니 돌아가신 어머니가 생각났고, 그래서 어머니의 마음에 대한 이야기를 꺼냈다.

"이 땅의 모든 사람들이 가난을 벗어나서 넉넉하게 자식을 키우고 거기서 행복을 느껴야 합니다. 이 땅에 사는 것이 행복하다고 느끼게 만들고 싶은 것이 저의 욕심입니다."

젊은이들이 떠난 이곳도 물길이 트이면 건물이 들어설 것이고 물자들이 이동할 것이고 사람들이 찾을 것이다. 마을의 아름다운 풍경 때문에 휴일에 이곳을 찾는 도시인들이 생길 것이고 다른 지역과의 문화 교류도 활발해질 것이다.

그날 밤, 우리 일행은 회관과 평상에 나누어 잠이 들었다. 춥지 않을 만큼 바람이 선선히 불어 자는 데 무리는 없었다.

다음 날, 이른 아침부터 마을 강둑을 산책했다. 그리고 오후에는 경유지인 남지에 도착했다. 낙동강은 홍수가 나야 물이 차고 갈수기 때는 물이 없다. 치산치수(治山治水)가 되지 않는 나라가 어떻게 선진국이 될 수 있겠는가. 물이 남는 곳은 없는 곳으로 보내고 갈수기에도 물이 부족하지 않아야 한다.

지역주민 중 한 분은 이런 말을 했다.

"예전에는 낙동강 아래로 실타래 하나가 다 들어갈 정도로 수심이 깊었습니다."

낙동강 하상을 정리하는 것은 결국 낙동강의 원래 모습을 찾는 것이고 환경을 가꾸고 재생하는 일이다. 이처럼 황폐된 하천 환경을 다시 바로 잡는 개발, 그래서 운하는 친환경적인 개발이 가능한 것이다.

다시 한 번 환경을 위해

물길 따라 새로운 문화가 탄생하는 현장에서 식사를 기다리는 잠깐 동안 사진 촬영을 했다. 나는 한 기자의 카메라를 빌려 사람들을 직접 찍어주었다. 과거 회사에 들어가 첫 월급을 받고 라이카 M3라는 카메라를 장만했던 일이 새삼 기억났다.

그리고 수로운영과장의 이야기를 계속 들었다. 그들의 환경과 수자원에 대한 정책은 빈틈이 없었다.

RMD 운하는 도나우 강에서 마인 강으로 물을 초당 $15m^{m/s}$를 흘려보낸다고 했다.

"이렇게 하면 물이 종전보다 1.5배로 늘어납니다. 그러면 수질이 좋아지는 것은 물론이고 물 주변의 생태계도 좋아지고 주변 농경지의 지하수도 조절되지요. 게다가 물을 안정적으로 공급할 수 있습니다. 수치로는 다 계산할 수도 없는 이득입니다."

그렇다면 흘려보내는 물은 어떻게 공급할까?

"공급할 물을 확보하기 위해 소규모 댐을 이용하고 있습니다."

대규모 댐보다는 소규모 댐을 적절한 장소에 건설해서 일정한 물을 흘려보내는 이 방법은 극심한 홍수와 갈수로 고생하는 우리나라에도 꼭 필요한 기술이었다. 적절한 수자원 관리 정책을 한 수 배운 셈이다.

이러한 소규모 댐을 휴양지로 사용하고 있다는 점도 인상적이었다. 카누, 윈드서핑, 스케이트, 수영, 낚시 등의 수상 스포츠와 수변도로 산책, 자전거, 조류 관찰, 자연학습 등이 일반화되어 있고, 아름다운 경치 때문에 휴가철은 물론이고 연중에도 꾸준히 휴양객들이 몰려온다고 했다.

뉘렌베르크로 돌아가는 버스 안에서 나는 생각했다.

'주민들을 물과 함께 사는 문화에 친숙해지도록 만드는 것. 운하를 건설하면서 이것을 놓쳐서는 안 된다. 사람들이 수질과 수변의 환경에 관심과 애착을 가져야 정부가 추구하는 물 절약과 수질 개선, 환경 복원이 자연스럽게 이루어질 것이다.'

그러기 위해서는 새로운 시대에 걸맞은 물 환경 정책이 수립되어야 한다. 환경을 무시하고는 미래를 내다볼 수 없다. 운하는 철저히 환경을 위한 것이어야 한다.

130

제3의 경부고속도로

운하가 생기면 배로 한 번에 컨테이너 250개를 옮길 수 있다. 컨테이너 박스 250개면 트럭 250대가 움직여야 하는 양이다. 물류비용은 도로나 철도에 비해 훨씬 줄어들게 된다.

이러한 바지선이 부산서 서울까지 24시간 안에 도착할 수 있다는 생각을 하니 절로 힘이 솟았다.

그리고 물량이 이동하는 내륙에 관련 산업이 생기게 된다. 중공업을 상상할 수 없던 내륙에서 중공업이 성장할 수도 있다는 이야기다. 그리고 일자리 역시 함께 늘어날 것이다.

힐폴트슈타인에서 만난 독일 연방교통도시건설본부 측에서도 이렇게 밝힌 바 있었다.

"독일에서 물류는 현재 도로가 70%, 철로와 수로가 각각 15%씩 담당하고 있습니다. 내륙 운하 건설 이후 물동량이 2배 더 늘었고 운하가 담당하는 물량은 전체의 15%에 달해 철도와 비슷한 수준이 되었습니다."

덴 수로국장 역시 운하의 경제성에 대해 자신감을 내비쳤다.

"예상했던 물동량은 1년에 300만t 정도였습니다. 하지만 막상 가동시키고 보니 그 2배인 600만t 이상의 물량을 책임지게 되었습니다."

앞으로 나라가 성장할수록 물동량은 급속도로 늘 것이다. 도로나 철도만으로는 부족하다. 운하를 이용하면 많은 물동량이 도로에 의존하는 것을 피할 수 있기 때문에 도로 소통이 빨라질 것이고 차를 이용했을 때 드는 유지보수비도 줄일 수 있다.

하지만 무엇보다도 물길이 지나가는 주변 도시들의 성장이 기대된다. 그 도시들은 발전이 다소 더딘 곳이 많다. 그러니 자연히 지역 경제 격차가 줄어들 것이다. 정부에서는 매번 '지역 균형 발전'의 문제를 해결하기 위해 노력하지만 별 성과를 거두지 못했다.

그러나 운하는 해낼 수 있을 것이다. 운하로 인해 성장한 도시들을 나는 유럽에서 미리 보고 왔다.

세계 최대 내륙 항구, 뒤스부르크

힐폴트슈타인에서 다시 뉘렌베르크로 향한 우리 일행은 베를린을 거쳐 10월 26일 오전에 뒤스부르크에 도착했다. 어제 세 도시를 돌면서 빡빡한 일정을 강행해서인지 약간의 피로가 몰려왔다. 일행들도 마찬가지일 거라는 생각이 들었다. 내가 먼저 지쳐 있을 수는 없었다. 그래서 더욱 힘을 내어 서두르자며 사람들을 재촉했다.

뒤스부르크는 라인 강과 루르 강의 합류지점에 위치한 내륙 항구 도시로 한때 유럽 최대의 철강도시였다. 세계 2차 대전으로 폐허가 된 독일이 다시 일어섰던 '라인 강의 기적'은 이곳이 배후가 되었다.

내륙도시였던 곳이 운하로 인해 배가 정박하는 항구도시가 된 대표적인 예였다. 그 시절에 이미 운하를 만들고 유럽 최대의 중화학공업단지를 형성했다니, 우리는 눈을 감고 살았던 것과 다름없었다.

우리는 내항만청장의 안내로 현장 시설을 견학하였다.

"저쪽 강변이 과거 세계적인 명성을 얻었던 티센 제철소 자리입니다."

과거, 쉴 틈 없이 가동되었던 제철소는 중화학공업이 쇠퇴하면서 문을 닫고 텅 빈 자리에는 공원이 들어서 있었다. 저곳이 그 유명한 랜드스케이프 파크였다.

주정부가 쓸모없어진 공장들을 폐기하지 않고 그대로 두어 스포츠와 문화 공간으로 만든 것이다. 폐기했을 때 생기는 환경오염을 줄이고 사람들의 건강과 즐거움을 생각하는 선진국다운 발상이었다.

"겉보기에는 삭막한 폐공장촌의 모습이지만 공원 곳곳이 레저와 생태를 위한 공원입니다. 철강을 쌓아두었던 곳은 암벽 등반 연습장이 되었고 과거 제련소는 오토바이 박람회장이나 음악회장으로도 이용되고 있습니다. 국민들의 호응은 물론이고 벨기에나 네덜란드와 같은 인근 국가에서도 이 시설을 즐기려고 모여듭니다."

중화학·철강산업에서 관광·레저산업으로 뒤스부르크는 다시 부흥하고 있었다. 독일 최대 내항의 성장은 이처럼 눈부셨다. 그리고 나머지 공간에는 각국의 대규모 물류 센터를 유치한다고 했다. 내륙에 국제기업이 참여하는 물류 센터가 생기면 그 지역의 경제가 급속

2006년 10월 26일 오전.

유럽 운하는 내륙 도시 뒤스부르크를

물류와 사람이 모이는 세계적인 항구 도시로 만들었다.

히 성장하리라는 것은 안봐도 뻔한 일이었다.

우리나라는 하천 부지가 홍수 때는 물이 차고 갈수기에는 휑하니 빠진다. 국토가 낭비되고 있는 것이다. 우리는 산을 깎아 건물을 지을 줄만 알았지 이런 낭비되는 토지를 이용할 줄은 모르고 살아왔다.

폐공장촌을 철거하고 부동산으로 이용하는 것이 아니라 신흥 산업을 장려하여 부지를 활용한 독일인들의 지혜를 배워야겠다는 생각이 들었다.

강변을 따라 셀 수 없이 많은 컨테이너 박스들이 늘어서 있었다. 부산의 항만을 떠올리게 할 정도였다. 원래는 육지로만 둘러싸인 내륙 도시였다는 것이 믿어지지 않았다. 이 컨테이너 박스들은 배에 실려 이 도시, 저 도시, 이 나라, 저 나라로 배달될 것이었다.

"컨테이너 화물이 도착하는 시간을 미리 계산하고 있습니다. 선박은 정시에 도착할 수 있는지 없는지가 중요하기 때문이지요. 그래서 적정 속도를 늘 체크합니다."

이것이 물류비용을 획기적으로 줄일 수 있는 부분이다. 물류의 핵심개념은 물품이 빨리 도착지에 전달되는 것이 아니라 정시에 도착하는 것이다.

선박은 10시간이 걸리든 48시간이 걸리든 수로를 따라 교통체증 없이 움직이기 때문에 정확한 수송 시간을 예측할 수 있었다. 즉, 시간을 정확히 맞추는 것이 가능하다는 이야기다. 그래서 미리 도착하거나 옮겨 싣기 위해 야적장에 보관해야 하는 불필요한 비용을 없앨 수 있었다.

항만청장은 이렇게 말하면서 운하가 주로 이용되는 경우도 알려주었다.

"독일의 경우 위험 물질의 약 50%가 운하로 수송됩니다."

이는 운하로 수송되는 것이 환경을 해치지 않는 동시에 가장 안전한 운송 체계임을 보여주는 것이었다. 우리나라에서는 독극물을 실은 차량인 탱크로리가 전복되고 다른 화물차와 충돌하는 등의 대형 사고가 수시로 발생하고 있다. 이러한 위험 요소를 감소시키는 데도 운하가 큰 역할을 한다는 것을 이번에 확인한 셈이다.

일행들과 항만청에서 제공한 배를 타고 라인 강을 따라 이동하면서 옆으로 지나가는 바지선들과 항만에서 일하는 사람들, 컨테이너를 끌어올리는 커다란 크레인을 바라보며 부러운 마음을 털어놓고 말았다. 청장은 컨테이너 부두가 축구장 20개를 합쳐놓은 크기라고 말해주었다.

"얼마나 도시가 활기찬가 말이야."

일행들 역시 고개를 끄덕였다.

컨테이너 중에는 '현대'라는 글자가 박혀 있는 것도 있었다.

"대한민국 현대 것도 있어요."

나는 반가운 마음에 손으로 가리키며 사람들에게 알렸다.

"뒤스부르크는 유럽 중심부에 위치해 지정학적으로도 아주 유리합니다. 그리고 30만 개의 회사들이 있고 네덜란드의 로테르담과 같은 항구에서 들어온 물품들이 대부분 이곳을 통해 내륙으로 들어오지요. 과거에는 석탄철강을 중심으로 공장지대만이 중심이 되었는데 지금은 컨테이너 물류 수송을 중심으로 하면서 범위가 지역을 벗어나 유럽 대륙 전체를 커버하는 정도의 대(大)항만이 되었습니다."

시원한 강바람을 맞으며 나는 우리나라의 미래를 상상하고 있었다. 운하가 생기고 내항이 될 만한 우리나라의 도시들이 뒤스부르크의 정경 위로 겹쳐져 보였다.

내륙도시가 항구도시로

2006년 8월 18일 창녕과 고령을 거쳐 대구에 도착했다. 화원 유원지에 위치한 사문진교로 이동하니 고맙게도 사람들이 현수막까지 준비해서 들고 나를 응원해주었다. 나는 몇몇 사람과 악수를 나누고 나서 구명조끼를 집어 들고 고무보트에 올랐다. 이 지역으로 흐르는 낙동강의 수심을 재야 했다.

각 지역을 돌면서 측정한 수심이나 강폭을 꼼꼼하게 체크하고 있었다. 물길이 지나갈 것이라 예상되는 다음 탐사지역도 항상 지도에 체크했다. 모자를 더욱 눌러썼다.

넷째 날은 샤워는커녕 머리도 감지 못하고 있었다. 짧은 일정 동안 많은 곳을 돌아다녀야 했기 때문에 씻고 다닐 여유가 없었다.

한강과 낙동강을 연결하는 운하를 만들면 강을 바다처럼 뱃길로 이용할 수 있게 된다. 우리도 독일의 뒤스부르크와 같은 거대한 항만 도시를 키울 수 있는 것이다. 그 중심에는 대구를 염두에 두었다.

전형적인 내륙도시인 대구는 지형적 특성 때문에 일찍부터 섬유산업이 발전해온 곳이다. 하지만 물길이 흐르면 다른 산업도 함께 성장할 수 있을 것이다.

대구가 거대 내륙 항구도시가 되면 항만에서 화물을 선적해 내륙 운하를 통해 곧바로 일본이나 동남아 등으로 화물을 수출할 수 있게 된다. 생각만 해도 신이 나는 일이다. 그리고 이것은 대구만의 문제가 아니다. 대한민국 경제의 변화를 가져오게 될 일이었다.

밀양에서도 내항의 가능성을 보았지만 상주에서도 그랬다. 경상도의 '경'은 경주에서 딴 것이고 '상'은 상주에서 딴 이름일 정도로 과거 상주는 번영했던 도시였다. 지금도 덕암산에는 전국의 패러글라이딩 동호회가 찾아오고, 드라마 '상도'의 촬영장이 있어 관광객들이 많이 찾는다.

하지만 옛날 명성이 무색하게 지금은 인구 11만의 소도시에 불과하다. 회상리 백사장을 걸으며 뱃길을 짐작해보았다.

'과거 한양에서 나룻배가 다녔던 것처럼 상주에도 다시 배가 들어온다.'

항구도시가 되면 상주도 과거의 번영을 다시 찾을 수 있을 것이다.

상주범시민연합 초청 강연이 끝나고 만난 한 대학생이 가슴 아픈

2006년 8월 18일.

경부운하가 완성되면 과거

나룻배가 다녔던 것처럼

상주에도 다시 배가 들어올 것이다.

말을 했다.

"시장님, 살기 힘들어서 내려왔습니다. 살게 해주십시오."

일자리를 찾는 것이 얼마나 힘들었으면 여기까지 와서 나에게 이런 말을 하나 싶었다. 나는 힘을 내라는 뜻으로 손을 잡아주었다. 물길은 산업을 성장시키고 일자리를 만들어 막혀 있던 우리나라 경제를 시원하게 뚫을 것이다. 나는 그것이 가능하다고 보았고, 믿었다.

강연장에 온 한 아주머니는 이렇게 말했다.

"조선시대에 한양에서 나룻배가 와서 쌀을 실어 날랐다고 하는데 그것은 물이 많은 여름철 한 달 동안만 가능한 이야기고…. 믿기지가 않네요."

상주가 항구도시가 될 수 있다는 말에 마을 사람들은 다들 이해할 수 없다는 표정이었다. 사람 손으로 물길을 낸다는 것이, 강 위로 화물선이 다닌다는 것이, 바다와 거리가 멀고 땅 덩어리 중간에 박힌 자신의 마을이 항구도시가 된다는 것이 말이다.

하지만 나의 머릿속에 그 일은 곧 눈앞에 보일 실현 가능한 구상으로 그려졌다.

한국의 뒤스부르크를 꿈꾸며

뒤스부르크 주변을 돌며 유럽 운하 탐사에서 얻은 것들을 마음속으로 정리했다. 아무 문제 없이 배를 고지 위로 넘겼던 힐폴트슈타인 갑문, 화물을 수송하면서 의식주를 해결하는 바지선에서의 삶, 운하를 만들면서 낸 조그만 하천 때문에 쾌적해진 작은 마을. 환경 보존을 위해 최선의 노력을 다하는 독일인들의 모습, 항구도시로 크게 번영하고 있는 뒤스부르크….

더군다나 내항의 엄청난 산업 활력에 깊은 인상을 받았다. 힐폴트슈타인에서 내항의 일자리와 고용 창출에 대해 질문했을 때 관계자는 이렇게 말했다.

"RMD 운하가 건설되면서 뉘렌베르크에 내항이 건설되었지요. 조용하고 조그마한 도시였던 그곳이 내항이 되고나서 경제가 급부상했습니다. 그곳을 중심으로 새로 이주한 업체는 260개이고 고용자 수는 5,300명에 달하며 그 인근 지역에 나타난 고용자들까지 합치면 8,300명이 넘습니다."

우리나라로 따지면 진주 정도의 조그마한 도시였다. 그곳에 물길이 들어서자 직간접적으로 늘어나는 고용과 함께 경제적인 활력을 찾고 새로운 문화가 형성된 것이다. 독일에서 연간 내항 하나에 투자되는 액수는 약 1,800억 원으로 그만큼 국가적으로 큰 비중을 두는 산업 거점인 것이다.

독일에서 파산된 공장들이 있으면 중국 사람들이 바로 달려온다고 했다.

"그들은 그것을 자기 나라에 가지고 가서 조립하여 쓰기도 하고 제품을 생산하여 내수시장에 공급하기도 하는 모양입니다."

뒤스부르크 항만청장의 이와 같은 말에 나는 긴장이 되기도 했다. 중국은 우리나라와 치열한 경쟁 관계에 놓인 국가다. 나는 우리가 공장을 짓기 시작한 60년대 말을 상기했다. 중국의 경제가 성장하게 되면 우리나라와는 극심한 경쟁 관계에 놓일 것이 분명했다.

우리나라는 더욱 질 좋은 제품을 생산해야 한다. 그리고 물류 혁신을 통하여 주변 국가와의 경쟁에서 이겨야 한다. 우리나라의 물류 수송비용이 국제 경쟁에서도 뒤지고 수출 경쟁에서도 밀려나고 있다는 것은 이미 수년 전부터 알려진 사실이다.

이러한 현실에서 한반도 운하 건설이 여러 가지 사회 · 경제적 문제를 해결해줄 것이라는 확신이 현장 견학을 하는 동안 더욱 굳어졌다.

항만을 둘러보고 나오면서 유럽의 가을바람을 한껏 마셨다. 그리고 아름답게 물든 단풍을 오래도록 바라보았다.

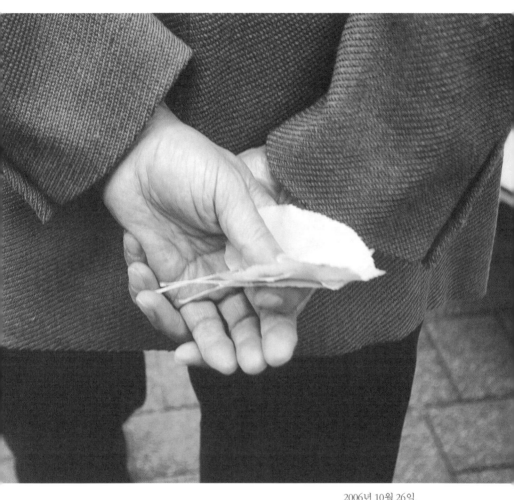

2006년 10월 26일.
뒤스부르크에서 바쁜 일정 사이에서
잠시 가을의 정취를 느꼈다.

한반도,
큰 밑그림이
필요하다

준비된 통일은 축복이다 **남북** 관계

핵실험 그리고 베를린

2006년 10월 9일 오전, 경악할 만한 소식을 접했다. 북한에서 핵실험이 강행되었다는 것이다. 지하 핵실험을 성공적으로 마쳤다는 조선중앙통신 아나운서의 목소리가 하루 종일 귓가에서 울렸다.

한반도의 안보 환경에 빨간 불이 켜졌다. 그리고 정부에서 고수해 온 햇볕정책이 실패했음을 확인하게 되었다. 사태에 대한 책임은 물론 북한에 있지만 현 정부 역시 화살을 피할 수 없을 것이다. 북한은 핵을 무기로 더욱 강경한 자세로 나올 것이 뻔하며 지금껏 퍼다 준 것이 헛수고가 될 판이었다.

한반도에 핵미사일이 만들어지고, 어쩌면 전쟁으로 이어질지도 모른다는 불안감도 컸지만 당장에 큰 걱정은 경제 불안이었다. 충고를 듣기는커녕 흉기까지 휘두르려 하는 형제가 있는 집에 누가 놀러 오겠는가? 외국인 투자자들이 공장을 짓고 기업하려 들지 않을 거라는 이야기다.

유럽 탐사의 일정은 공교롭게도 북한 핵실험 파문이 터진 직후에 잡혀 있었다. 외교 안보적인 상황이 극도로 예민한 까닭에 유럽 일정을 취소해야 되지 않느냐고 말하는 사람들도 있었다. 하지만 우리 모두가 위기를 직시하면서도 원칙대로 행동하지 않으면, 외국에서는 우리나라가 전쟁 위기 상황이라도 맞은 것으로 오해할 수 있겠다는 생각이 들었다. 게다가 위기의 해법을 찾기 위한 방문인지라 더는 망설이지 않았다.

한반도의 통일을 이야기하면서 독일의 통일을 말하지 않을 수 없다. 통일의 깃발을 먼저 꽂은 선배에게 우리는 배워야 할 부분이 많을 것이다.

역시 독일의 통일을 상징하는 곳은 베를린이라는 도시다. 베를린은 독일의 모체였던 프로이센 왕국의 수도였고 지금은 통일독일의 수도이다. 독일 산업의 중심지일 뿐 아니라 유럽 예술 문화의 중심지이기도 하다. 그리고 무엇보다 '베를린 장벽'이 있는 곳이다.

베를린 장벽이라는 콘크리트 구조물은 이제 역사적인 기념물이 되었고 2004년에는 베를린시가 한반도의 통일을 염원하는 뜻으로 장벽 일부를 서울시에 기증하기도 했다.

베를린이라는 도시가 가진 상징성 때문인지 중앙역에 도착하자 마음이 숙연해졌다. 그리고 남북 분단의 상처가 되살아났다. 고막을 찢는 듯한 비행기 굉음과 참혹한 모습으로 숨진 누이와 동생, 그리고 그들을 살려보려고 밤낮을 뜬 눈으로 지새웠던 어머니. 나에게 분단의 상처는 전쟁이 준 비극으로 각인되어 있다. 통일만이 우리나라에 존재하는 수만 가지 상처를 다독일 수 있으리라, 나는 그런 감상에 빠졌다.

뉘렌베르크에서 베를린으로 오기까지 본의 아니게 미안한 일도 있었다. 탐사 기간 내내 빼곡한 일정을 함께했던 기자들에게 탈이 난 것이다. 낮에는 현장 탐사, 밤에는 기사를 쓰는 '주탐야기(晝探夜記)'의 날이 계속된 데다 달리는 기차 안에서 장시간 기사를 쓰다 보니 더 이상 버틸 수 없게 된 것이다.

2명의 기자가 그만 기사를 쓰던 중 차량에 구토를 했고 나머지 기자들도 체력에 한계를 느끼는 기색이었다. 그날따라 저녁도 먹지 않고 강행군을 한 뒤, 뒤늦게 구토 소식을 접하고 보니 참으로 미안해졌다. 그렇다고 여유를 부리며 기다리기에는 다음 스케줄에 차질이 생길 수도 있었다. 잠시 휴식을 취한 뒤 또다시 강행군에 들어가야 했다.

유럽 탐사의 일정은 그만큼 빠듯했고, 그래서 우리는 한시도 넋 놓고 있을 수가 없었다.

햇볕정책의 실패

통일 관련 인사들과의 대담이 저녁까지 잡혀 있었다.

처음에 만난 사람은 전 동독 수상인 로타 드 메이지에르였다. 통일 전 그는 동독 체제에 저항하다 투옥된 사람들을 위한 변호에 정성을 기울였다. 그러한 전력으로 베를린 장벽이 무너지고 난 뒤, 동독에서 최초이자 마지막으로 실시된 자유총선거에서 동독 정부의 마지막 수상으로 선출되었고 평화적인 통일 과정을 추진하였다.

구 동베를린 중심가에 위치한 그의 변호사 사무실에 도착했다. 2년 전 내가 서울시장으로 재임할 때 독일의 통일을 기념하기 위해 서울시가 통일독일의 수도 베를린에 기증한 '서울가든', 그리고 베를린시가 답례로 서울시에 기증한 베를린 장벽의 실물을 화제로 대담을 시작했다.

나는 우선 북한의 핵문제로 인해 어려움에 처한 한국의 실상을 이야기하면서 독일의 통일 과정과 통일 이후에 발생되고 있는 문제에 대해 이야기하고 싶었다. 그는 북한의 핵실험 소식을 들었다는 말로 입을 뗐다.

"독일은 통일 이전에도 대사관이라고 부르지는 않았지만 동독과 서독의 대표부들을 쌍방의 수도에 설치하고 교류 협력을 추진하였습니다. 경제 교류와 가족 상봉, 편지 교환이 꾸준하게 진행되었지요. 하지만 북한은 완전히 고립되어 있습니다. 게다가 기아도 엄청나고 교육시설도 부족하고 여러 가지로 어려운 상황이라고 들었습니다. 만약 그런 상황이 과거 동독에서 벌어졌다면 민중봉기가 일어났을 것입니다. 북한 주민들이 도대체 어떻게 견뎌내고 있지요?"

그렇다. 북한 주민들은 철저히 고립되어 있다. 바깥세상이 어떻게 돌아가고 있는지, 여기와 어떻게 다른지 실감하지 못하는 것이다. 이런 상태에서 체제를 무너뜨리려는 반대 세력은 당연히 생길 수가 없다.

반면에 독일의 통일은 서독이 동독 주민들의 귀와 눈을 열어주는 데 성공했고, 그래서 동독 주민들이 현 체제를 반대하고 서독의 체제를 받아들일 수 있게 되었다. 그는 동독 주민들이 통일의 원동력이 되었다는 데에 큰 자부심을 가지고 있었다.

"그동안 세계의 많은 학자들이 동독을 '혁명이 실패한 나라'라고 했는데 동독 주민들이 동독 체제를 무너뜨리고 자유민주주의를 선택했다는 점에서 저는 동독의 혁명이 최후의 순간에 성공했다고 생각합니다. 서독은 동독과의 협상에서 경제 협력과 인권이라는 두 개의 무게를 저울질했습니다. 동독 주민들의 인권이 증대되면 경제 협력도 증대된다는 점을 인식시키면서 동독 주민들의 인권을 개선시켰습니다."

그러니까 서독은 동독에 경제 원조를 해줄 테니 주민들이 자유롭게 여행하도록 보장해달라는 식의 협상을 한 것이다. 하나를 주면 하나를 받는 식의 협상으로 동독 주민들은 다른 나라를 여행할 수 있게 되었고 서독의 방송도 들을 수 있게 되었다. 국가가 열린 상태로 '변화' 하도록 했던 것이다.

하지만 우리의 경우는 다르다. 일방적인 지원이 현재의 모습이다. 나그네의 옷을 벗기는 것은 찬바람이 아니라 따스한 햇볕이라는, 이솝우화에서 가져온 '햇볕정책'을 살펴보자. 햇볕정책은 김대중 전 대통령이 북한을 방문하고 이산가족 상봉과 금강산 관광이 가능하도록 하는 데 큰 역할을 했다.

하지만 보다 근본적인 문제 앞에서 무너져버렸다. 북한을 개방으로 이끌지 못하면서 한계점에 다다르기 시작한 것이다. 북한 주민들의 인권을 개선시키지 못했고 그들의 눈과 귀를 열리게 하지 못했다. 지원은 계속 되었지만 북한 주민들의 인권이 나아지지는 않았다. 여전히 그들의 생활은 어렵고 여행이나 남한 방송 청취도 불가능하다.

200~300만 명의 북한 주민들이 굶어 죽었고, 그보다 많은 수의 주민이 기아에 허덕이고 있다는 보도가 심심치 않게 나오고 있다. 북한을 탈출한 주민들이 중국으로, 동남아시아로 떠돌아다닌다는 비극적인 소식도 들려온다. 게다가 이번 핵실험을 통해서 우리의 햇볕에 북한의 권력자들이 외투를 벗는 체했을 뿐이라는 것이 확인됐다.

소통 창구를 열어야 한다

현재 우리 정부의 북한 지원은 현물뿐만 아니라 현금 지원도 포함되어 있다. 그 현금이 북한 주민들을 위해 고루 쓰여지고 있을까? 군사 목적, 특히 핵무기 개발에 사용될 수 있다는 위험을 배제할 수가 없다. 지금 상황에서는 더더욱 의심스럽다. 나의 걱정에 수상 역시 공감했다.

"동독과 서독 간에도 통행세나 차관 등에서 현금 지원이 있기는 했지만 반드시 목적에 맞도록 사용하게 했습니다. 그 외의 경우에는 철저하게 현물 지원을 원칙으로 했지요. 제 생각에는 남북 교류 협력에서 현물 지원을 원칙으로 하고 인도적 지원의 경우에도 그 지원이 사라지지 않도록 NGO(국제비정부기구)가 북한지역에 들어가서 직접 나눠주는 것이 더 효과적이라고 생각합니다. 분단국가 시절에는 양 정부 사이의 관계보다도 교회가 훨씬 중요한 역할을 했습니다. 교회가 NGO 역할을 한 것입니다. 더불어 당시 동독에서는 교회를 중심으로 체제에 반대하는 인사들이 모여 논의하고 활동하였습니다. 이러한 운동은 환경운동이나 평화운동이란 이름 아래 진행되었습니다."

물론 북한에도 일부 독일, 유럽계 NGO가 여럿 들어가 있었다. 이들은 병원이나 발전소와 같은 시설들을 지어주고 주민들에게 기술을 교육시키기도 한다. 이러한 방식으로 조용히 시장경제와 인권이라는 개념을 심어주고 있는 것이다. 우리 정부도 무조건적인 지원보다는 이 부분의 활용과 장려를 고민해야 할 것이다.

북한에서는 아직도 정권에 불만을 품은 사람들의 목소리를 들을 수 없다. 그리고 북한 정권은 체제에 반대하는 사람들을 무자비하게 처단해왔다.

수상도 이 부분을 이해하고 말을 이었다.

"북한의 경우 지식인들이 정부의 뒤에 숨어 있는 것 같은 인상을 받습니다. 두렵기 때문에 자신들의 목소리를 내지 못하고 있는 것입니다. 동독에는 언제나 정부하고는 다른 생각을 갖고 있고 표현하는 작가, 학자, 예술가들이 있었습니다. 통일에 대한 본질적인 동력은 이들로부터 나온 것입니다."

그는 다시 한 번 북한 주민들에게 정보가 전달되게 하는 것이 굉장히 중요하다는 것을 강조했다. 동독 정부의 가장 큰 적은 서독의 텔레비전이었다. 매일 저녁마다 동독 주민들이 서독 방송을 봤다. 서독의 방송이 수신되지 않는 지역은 2군데가 있었는데 이들은 아주 모험적으로 20m가 넘는 안테나 같은 것을 세워서 서독의 방송을 청취하기도 했다.

바로 이러한 방송의 영향 때문에 동독 주민들 사이에 그리고 공산당 내부에서조차도 정권에 대한 저항이 생기기 시작했던 것이다.

정신적 장벽을 해소하는 데 몇 년이 걸릴까

수상은 김정일 정권에 대한 이야기도 꺼냈다.

"독일 속담에 '명성이 깨지면 사람은 개판으로 산다'는 말이 있는데 명성이 깨지고 나면 대충 살아도 된다는 겁니다. 제가 지금 북한의 핵실험 사태를 보면서 마지막 남아 있는 친구인 중국과도 친구 관계를 청산하려는 듯한 느낌을 받습니다. 김정일 정권은 더 이상 자기들이 외부에 어떻게 비춰지고 있느냐에 신경을 쓰지 않는 것 같습니다. 동독의 경우 그나마 인권을 개선시키게 된 것은 동독 정권의 대외 이미지에 신경을 썼기 때문입니다. 그와 달리 김정일 정권이 어린 아이가 굶어 죽어도 인권이 열악하다는 것이 세계에 알려져도 이미지 관리를 하지 않는 것 같습니다."

나는 이제 통일 이후 독일의 상황에 대한 질문을 시작했다. 오랜 시간 떨어져 살아온 형제가 같은 지붕 아래에서 산다는 것이 금방 편해질 수는 없는 일이다.

"심리적인 벽을 완전히 없앨 수는 없습니다. 양쪽의 관계가 좋아지기 위해서는 2세대 정도의 시간이 필요하지 않겠습니까? 통일 직후 동독에서는 은퇴하기에는 10년이 남아 있고 새로운 일을 시작하기에는 10년이 모자라는 사람들이 있었는데 그 사람들은 10년 동안 실업자였습니다. 그 사람들에게는 통일이 실업만을 가져왔습니다."

수상은 친구인 훔볼트 대학의 교수에게 "너의 제자들 중에서 누가 동독 출신이고 누가 서독 출신인지 알 수 있느냐?" 하고 물었던 적이 있다고 한다. 왜냐하면 지금 대학에서 공부하고 있는 학생들은 통일이 될 때 네다섯 살 정도의 아이들이었기 때문이다. 그때 그 친구는 "5~6년 전까지만 해도 분명히 구별할 수 있었는데 요즘은 한 놈은 멍청하고 다른 한 놈은 더 멍청하다는 것만 느낀다"고 대답했다고 한다.

"대학교수가 지식 정도를 가지고 출신을 구별하기 시작했다는 것 자체가 정상적인 관계를 회복한 것으로 볼 수 있지 않겠습니까?"

수상과의 대담을 통해서 북한의 인권에 더욱 많은 관심을 가져야겠다는 생각이 들었다. 독일처럼 북한 주민들에게 여행이나 방송 청취의 기회를 주는 것이 그들의 인권을 개선할 수 있는 가장 실질적인 방법이라는 것은 누구나 동의하는 바다. 하지만 북한 정권이 이 부분을 순순히 받아들이지는 않을 것이다.

그는 마지막으로 한반도 주변국들 사이에 북한 핵무기를 반대하는 공감대가 형성되는 것이 중요하다고 했다. 그래서 북한이 핵무기를 가지고 있다는 것이 북한 정권의 힘을 증가시키는 것이 아니라 반대의 상황을 초래할 수 있도록 한국이 이를 슬기롭게 활용해야 된다고 말했다.

"처음 한국을 다녀온 이후로 한국에 관련된 모든 기사를 스크랩하고 있습니다."

미소 짓는 수상의 눈길에 따스한 정이 느껴졌다.

세계 정세 속에서 본 북핵 문제

다음으로 만난 인물은 헬무트 슈미트 전 서독 수상이었다. 그는 독일의 멘토라 불리며 퇴임 후에도 독일 국민에게 지대한 영향력을 끼치는 정치 지도자다. 그리고 무엇보다 독일 통일의 선봉에 섰던 인물이다. 평소 존경하는 인물 중 한 사람이었기 때문에 그와의 대담이 다소 긴장됐다.

그의 집무실로 들어섰다. 슈미트 전 수상은 여든여덟의 나이가 무색할 정도로 건장한 모습이었다. 키는 작았지만 백발머리를 단정히 빗어 넘긴 호남이었다. 하지만 날카로운 눈매에서는 예리하면서도 까다로운 그의 면모가 느껴졌다. 통역이 시원찮다 싶으면 인터뷰를 거부한다는 이야기는 유명했다. 그래서 담당 통역을 뽑는 데 얼마나 신경을 썼는지 모른다.

소문난 애연가답게 "여러분의 폐에 심각한 병을 초래할 수 있는 담배를 여러분께도 권합니다"라고 첫 인사를 하면서 담배를 물었다. 그리고 대담 내내 손에서 담배를 놓지 않았다.

심장이 좋지 않아 수술을 했다며, 청력이 떨어져 잘 들리지 않거나 대화를 이해하지 못한 경우에는 함께한 여비서에게 다시 물으면서도 은연히 나타나는 품위와 번뜩이는 혜안에 감탄했다.

자연스럽게 북한 핵실험 이야기가 화제로 나왔다. 그는 세계정세의 흐름 속에서 북핵 문제를 이야기했다.

2006년 10월 25일.

독일의 멘토라 불리는 헬무트 슈미트 전 서독 수상을 만났다.

'나는 한국의 영원한 친구'라고 말하던 그는 상호주의 원칙에 충실한

대북정책의 중요성을 강조했다.

"북한 핵 문제의 해결을 위해 영향력을 행사할 수 있는 나라가 있다면 바로 중국입니다. 중국인들도 북한의 핵무장을 여러분만큼이나 싫어할 것입니다. 그러나 북핵 문제를 해결하기 위해 무력을 사용하지는 않을 것입니다. 하지만 미국이 북한으로 하여금 핵을 포기하게 하지 못한다면 중국은 그러한 상황을 수용할 것이라고 생각합니다. 현재 미국이 북핵을 반대하고 경제 제재를 취하고는 있지만 북한이 핵을 끝까지 포기하지 않으려 든다면 별 수 없이 주춤거리게 될 것입니다. 미국은 지금까지 이스라엘, 인도, 파키스탄의 핵도 용인할 수밖에 없었습니다.

지구상에 8개의 핵 보유 국가가 있습니다. 북한이 핵무기를 가졌다면 9번째 국가가 되겠지요. 그리고 북한이 핵무기를 가졌다는 것을 이유로 이란, 일본, 브라질이 다음 핵무기 보유국이 될 수 있습니다. 그렇다면 이제 이 지구상의 핵 보유 국가는 8개가 아니라 12개입니다. 가장 위험한 것은 앞으로 8~10년 사이에 일본이 핵무장하는 것입니다. 일본은 정치 지도자들부터 국민들까지 모두 보수적입니다. 과거처럼 전쟁을 일으키려 들지도 모릅니다. 그런 일이 생기지 않는다 해도 동북아시아의 불안요소로 자리 잡을 것이 분명합니다."

옆 동네에 있는 핵 하나로도 불안한데 이 지구상에 12개의 핵이 생긴다니 섬뜩한 일이다. 한반도에 놓인 불안이 전염병마냥 세계로 퍼져나갔다. 미국이 북핵 제재를 포기해버리는 것도 걱정이었고 그렇다고 더 강력한 방법, 즉 군사적으로 제재를 하는 것은 전쟁으로 번질 위험이 있다. 당연히 안 될 일이었다.

"나는 한국인의 영원한 친구입니다"

그는 햇볕정책이 언젠가는 성공할지도 모른다는 이야기를 하면서 북한이 언제든지 먼저 손을 내밀면 잡아주기는 하되 대가 없는 선물은 주지 말아야 한다고 강조했다. 그리고 메이지에르 수상과 의견을 같이해 인터넷, TV 등 다양한 과학기술 매체를 통해서 한국이 발전하고 있다는 정보를 북한에 제공해야 한다고 했다.

"지금 북한 주민들은 한국의 사회에 대해서 잘 모를 것이고 구 소련이 잘못된 경제 정책 때문에 망했다는 사실도 모를 것입니다. 북한의 주파수에 맞춰서 라디오와 TV 방송을 해야 합니다. 한국은 왜 중국으로 도망 나온 북한 주민들을 데려와 한국의 실상을 보여주고 북한으로 되돌려 보내지 않습니까? 그들이 북한으로 돌아가면 북한 사회의 체제를 반대하는 여론을 만들 텐데요. 물론 그들이 한국 사회를 접하게 되면 다시 북한으로 돌아가지 않으려 들 테지만 말입니다."

북한을 열린사회로 만들어야 한다는 사실에 다시 한 번 공감했다. 그리고 동북아시아의 정세 속에서 북핵 문제를 어떻게 해결해나가야 할지를 메모지에 쓰고는 생각에 잠겼다. 나의 표정이 어두워 보였는지 수상은 격려의 말을 전했다.

"시장님의 고민을 충분히 이해합니다. 통일은 언젠가는 이루어질 것입니다. 그러나 남북한의 경제적 격차가 엄청나기 때문에 따르는 고통도 클 것입니다. 그때를 위해 중국이 파트너가 되어야 할 것입니다. 한반도의 통일에 대해 일본이 환영할지는 의문이지만 미국은 별로 상관없어 할 것이고요."

대한민국의 안보를 위해서 전략적으로 한미 동맹을 공고히 할 필요가 있을 것이고 중국과도 가까이 지내야겠지만 중국이 역사를 왜곡하는 문제에 있어서는 단호하게 대처해야 한다는 평소의 내 생각을 전했다. 그러자 그는 한·중·일이 공동으로 아시아 역사를 다루어야 할 것이라고 했다.

옳은 말이었다. 정말 하루빨리 한·중·일이 과거사를 현명하게 청산하고 동아시아 역사를 함께 써나갔으면 좋겠다. 동북아 국가들은 수천 년의 역사를 가지고 있다. 지난 수십 년, 수세기의 역사에 헛된 욕심을 부릴 것이 아니라 사실을 인정하고, 앞으로 다가올 수백 년, 수천 년이라는 긴 흐름 속에서 우리가 어떻게 공생하고 공존할 것인지를 논의해야 한다고 본다. 그러는 가운데 대한민국은 평화 통일을 이루어내야 할 것이다.

"나는 한국인의 영원한 친구입니다."

그는 이 말로 대담을 마무리 지었다.

슈미트 전 수상은 자신과의 대담이 여든여덟 살 노인의 넋두리로 별로 도움이 되지 않을 것이라 겸손하게 표현하면서 한국에 대한 회상에 잠기기도 했다. 1957년 처음 한국을 방문했을 때의 상황과 그 후 한국을 다시 찾았을 때의 감회 등을 떠올리며 한국의 발전에 경의를 표했다.

그리고 교유했던 신현확 전 총리에게 자신의 안부를 전해줄 것을 재삼 부탁하였다. 존경받는 원로 정치인의 존재가 가슴에 크게 와 닿는 만남이었다.

준비된 통일은 축복이다

직업학교를 졸업한 뒤 부모가 운영하던 제분업소에서 일하다 독일 연방장관에까지 오른 입지전적인 인물인 그로스 경제기술장관과의 대담은 연방경제기술성 내에서 오찬을 겸하며 진행되었다.

나는 이 자리에서 한·독 간의 경제 관계를 더욱 돈독히 하고 내가 구상하고 있는 '국제과학비즈니스도시', '한반도 대운하 건설'에 대한 양국 간의 협력 방안에 관해 집중적으로 논의했다.

또한 독일이 북한과 외교 관계를 수립하여 대사관이 평양에 개설되어 있음을 거론하면서 북한 핵 문제의 해결에 독일이 가교 역할을 해줄 것을 당부하였다.

마지막으로 만난 인물은 독일에서 가장 영향력 있는 신문 중의 하나인 디벨트(Die Welt)의 우베 밀러, 키르스틴 기자였다. 우베 밀러는 최근 내가 흥미롭게 읽은 책 《대재앙 독일 통일》의 저자였다.

이 책은 1990년 독일 통일 후 2005년까지 1조억 유로가 넘는 공적 자금이 투입됐지만 동독 경제를 살리는 데 실패했으며, 동독에 대한 기부금이 단계적으로 삭감되는 2008~2020년에 대재앙이 닥칠 것이라는 주장을 하고 있었다.

이 책을 통해 나는 독일이 통일 이후 지금까지 겪고 있는 문제들을 더욱 생생하게 접할 수 있었다. 그래서 이번 방문길에 책의 저자인 밀러 기자를 만나 좀 더 상세하게 현황을 파악하고 우리가 앞으로 통일을 준비하는 데 반면교사(反面教師)로 삼고자 하였다.

그와의 대담은 내가 베를린에서 머문 호텔방에서 진행되었다. 나는 이 자리에서 통일 이후 구 동독지역에 대한 대규모 투자에도 불구하고 성장 추세가 본격화되지 않고 있는 이유에서부터 시작해 그가 저서를 통해 대안으로 제시한 정책 방안의 현실성에 관해서 논의하였다.

그는 통일 후 독일 정치인들이 동독 재건을 위해 퍼주기만 하는 정책을 한 것이 대단히 무책임한 일이라고 보며, 고통스럽더라도 그 지역 스스로 경제를 일으키는 방식으로 지원을 했어야 한다고 했다. 나도 그 부분에 있어서 전적으로 공감했다.

그러나 그동안 구 동독지역을 특별경제지역, 즉 임금이 낮은 지역으로 정해두는 것에 대해서는 먼저 정치권을 설득하고 국민들로부터 지지를 얻어야 한다고 강조했다.

독일의 통일은 정치적 대(大) 성과이자 축복이다. 하지만 보다 실질적으로 와 닿는 경제 · 사회 부문에 있어서도 축복이 될 수 있도록 문제 제기와 대안 제시에 헌신하고 있는 밀러 기자의 열성이 나에게도 전달되는 대담이었다.

그의 책 서문에는 '준비된 통일은 축복이다'라는 대목이 있다. 큰 재앙이 생기는 일 없이 통일이 주는 기쁨만을 누리기 위해 우리는 지금부터 조금씩 준비해나가야 할 것이다.

핵실험 향후 전망

역시 내 방에서 진행된 벤크 기자와의 대담은 그녀가 중국 문제 및 군사안보 문제의 전문가임에 비추어 북한 핵 문제를 중심으로 이루어졌다. 핵실험이 진행된 현재의 상황과 향후 전망에 대한 질문에 나는 이렇게 대답했다.

"북한의 핵실험에 대한 유엔 안보리의 제재 조치는 수위가 높다. 이러한 상황에서 북한이 2차 핵실험과 같은 행동을 하기란 쉽지 않다. 군사적 행동은 상상하기도 힘들다. 미국도 군사적 조치를 취할 가능성이 희박하다고 본다.

향후 전망은 3가지로 본다. 첫째, 북한이 6자 회담에 복귀하는 경우 참여국 간 특히 북한과 미국과의 의견 차이로 인해 합의점을 도출하기는 어려울 것이다. 둘째, 북한이 다시 미사일 또는 핵실험을 하고 이에 주변국 등이 반발하여 미국과 함께 유엔 결의안의 제재 수위를 높이는 경우이다. 북·미 간의 갈등이 더욱 심화되는 다른 한편으로 북한의 김정일 정권도 제재로 인해 체제를 유지하는 것이 어려울 것이다. 셋째, 북한이 다시 핵실험 또는 미사일 실험을 감행함에도 불구하고 주변국 간의 갈등으로 인해 유엔이 제재 수위를 강화하지 못하고 우왕좌왕하는 경우이다. 북한은 자신의 핵무장을 기정사실로 한 채 국제사회와 협상하려고 할 것이며, 국제사회는 북한의 핵 포기를 전제조건으로 내걸며 북한과의 대화를 시도하고자 할 것이다.

이러한 모순관계는 쉽게 풀리지 않을 것이며 따라서 북한의 추가적 도발을 예상할 수도 있다. 그러나 문제는 이에 대해 국제사회가 추가적으로 한 목소리를 낼 수 있는가이다. 결국 북핵 문제가 단시간에 해결되지 않고 지루하게 진행될 가능성이 많다. 이것이 냉정하게 바라본 북핵 문제이다."

나의 통일론

짧은 일정에 숨 가쁘게 이어진 독일 전문가들과의 대담을 통해 나의 생각을 재확인할 수 있었다. 뿐만 아니라 어떤 점을 더욱 발전시켜 대한민국의 국가 발전과 통일에 기여해야 할 것인가를 생각해보게 되었다.

우리는 통일을 원한다. 통일을 간절히 염원하는 마음은 당연히 필요하다. 그 마음이 결실을 맺으려면 통일에 영향을 미칠 수 있는 국가들에 대한 외교 정책을 효과적으로 수행해야 한다. 그리고 나라를 부강하게 만들어야 한다. 통일이 재앙이 되는 일이 결코 없도록 말이다.

놓치지 말아야 할 것이 있다. 그것은 통일이 양쪽이 합일을 이루는 것이란 사실이다. 우리의 입장만 고려한 노력은 상대편을 윽박지르거나 열리지 않는 문을 두드리는 상황이 되고 말 것이다.

상대의 요구를 파악하고 거기에 맞는 전략을 짜는 것은 마케팅 분야에서 흔히 나오는 이야기다. 통일 정책에 있어서도 이 점을 고려해 북한 주민들이 우리의 생각에 동의하도록 만들고 그들의 입장에 맞춘 노력이 필요하다.

요컨대, 남북한의 주민들이 합의와 선택에 의해 피 한 방울도 흘리지 않는 평화 통일이 모색되어야 하고 여기에 북한 주민들의 동의가 필수적이라는 이야기다. 우리가 국민소득을 3만 달러, 아니 100만 달러에 이르는 고도 선진사회로 발전시켰다고 해도 북한 주민들이 우리 사회를 받아들이려 하지 않으면 통일은 이루어질 수 없다.

통일 정책의 초점은 무엇이 되어야 할까? 나는 북한 주민들에게 그들보다 성숙된 우리 사회를 알리고 형제로서 함께하고자 하는 우리의 마음을 알게 하는 데 집중해야 한다고 생각한다. 북한 주민들이 스스로 판단하여 우리 사회에서 살고 싶다는 생각을 하게 되어야 바람직한 통일을 이룰 수 있는 것이다.

오랜 시간 북한의 체제가 유지되는 것을 보면 그곳이 얼마나 폐쇄된 사회인지를 알 수 있다. 주민들에게 바깥세상은 어떻게 돌아가고 지금 살고 있는 곳에 어떤 문제가 있는지를 느끼게 해주어야 한다. 철옹성 같은 벽에 조금씩 구멍을 만들어야 하는 것이다.

이를 위해 물론 남북 교류에 적극 협력해야 하고 대북 지원을 지속해야 한다. 다만 중요한 사실은 이러한 협력과 지원이 배고프고 헐벗은 북한 주민들에게 직접적인 도움이 되어야 한다는 것이다. 그들이 허기를 면하고 따뜻한 집에 살 수 있게 하는 데 기여해야 한다. 그리고 '남한 주민들이 우리에게 따뜻한 관심을 가지고 있구나' 하고 느낄 수 있게 해야 한다.

'대북 포용 정책'도 근본적으로는 나의 의견과 같았을 것이라 믿는다. 그러나 결과는 어떠한가? 지원 물자와 교류 협력을 통한 성과물이 과연 북한 주민들에게 돌아갔는가? 북한 주민들의 인권이 향상되고 생활이 나아졌다는 소식은 들려오지 않고 핵실험을 강행했다는 소식만 들려왔다. 결국 북한 체제를 공고히 하려는 권력 엘리트들만 도와준 꼴이 되고 말았다.

북한이 핵을 포기하면 대규모의 교류 협력과 지원을 해줄 것을 남한과 국제사회는 약속했다. 그러나 그렇게 될 경우 체제 유지에 어려움을 겪게 될 것을 우려한 북한은 핵무기를 카드로 꺼내 들었고, 급기야 핵실험까지 강행했다.

그 결과, 유엔 안전보장이사회의 결의를 통해 경제 제재가 이루어지고 북한 주민들만 더 배를 주리게 생겼다. 나는 김정일 위원장에게 묻고 싶다. 핵무기를 개발하고 핵실험을 강행하는 것이 진정 북한 인민들을 위한 것이냐고, 당신들이 늘 존재 이유라고 주장하는 그 인민들을 위한 것이냐고 말이다.

무원칙의 일방적인 유화 정책에서 벗어나 북한의 실질적 변화를 유도하는 전략적인 '대북 개방 정책'을 펼쳐야 할 때다. 한반도가 핵의 위협에서 벗어날 수 있도록, 북한이 핵을 완전히 포기하고 '자발적 개방'으로 나아가도록 협조해야 할 것이다.

우리의 통일 과정이 독일의 경우보다 더 고통스럽고 어려울 수도 있다. 그러나 통일에 따르는 고난과 역경이 분단에 의한 고통보다는 덜 할 것이다. 축복된 미래가 보이는 값진 아픔이기 때문이다.

공동관심사에서 시작하자 **한일** 관계

한일 관계, 어떻게 풀까?

2006년 10월과 11월 초까지는 일본 탐사 준비로 바쁜 시간을 보냈다.

11월 7일 탐사 전날, 서재에 앉아 일정표를 훑어보다가 잠시 생각에 빠졌다. 기억도 어렴풋한 어린 시절을 떠올렸다.

일제강점기에 부모님은 살길을 찾아 일본으로 건너갔고 거기서 자식들을 낳고 길렀다. 내가 태어난 곳도 일본 땅이었다. 아버지는 어렵사리 일자리를 구해 다행히 우리 가족이 먹고살 수 있을 정도는 되었지만 '조센징'이라는 꼬리표에 고달프고 서러운 삶을 살아야 했을 것이다.

해방 후, 고향 땅을 밟았을 때 내 나이는 겨우 4살이었기 때문에 일본 살이에 대한 뚜렷한 기억은 없다. 다만 간간히 아버지나 어머니가 푸념 섞인 목소리로 고달팠던 과거에 대해 말씀하시는 것을 들었을 뿐이다.

최근에는 나의 이력과 이름을 가지고 부모님을 친일파로 모는 일이 있었다. '명박'은 태몽에서 따온 이름으로 돌림자를 써야 한다는 아버지의 주장도 뿌리치고 어머니가 지어주신 이름이다. 족보에는 '상정'이라는 이름이 올라 있다.

아직도 그렇게 생각하는 사람들에게 말하고 싶다. 목장에서 목부로 일하며 근근이 산 친일파도 있느냐고 말이다.

일본은 우리 가족, 더 나아가 우리 민족에게 혹독한 시련을 준 나라다. 그 시절을 생각하면 대한민국의 한 사람으로서 울분을 지우기가 힘들다. 게다가 총리가 야스쿠니 신사를 참배한다든지 독도가 일본 땅이라고 주장하는 이야기가 들려오면 속에서 울컥하고 화가 올라온다.

독일은 초대 총리가 나치의 죄악상을 발표한 이후, 역대 총리들이 기회가 있을 때마다 나치의 죄악상에 대해 반성을 표명했다. 뿐만 아니라 총리가 나치에 의해 죽은 희생자들에게 헌화를 하고 물질적인 보상을 하는 등 과거 역사에 대해 자숙하는 모습을 보였다. 그에 비하면 일본의 언행은 용서하기가 힘들다.

하지만 일본 우익 세력들의 발언을 전 일본 국민의 뜻인 양 싸잡아

비판하는 것도 무리가 있다. 과거를 반성해야 한다는 지식인과 시민 단체들이 분명 존재하기 때문이다.

국제화, 세계화 시대에 어느 한 나라와 등을 돌리고는 잘살 수 없다. 비행기로 불과 2시간밖에 안 걸리는 이웃 나라와 원수가 되어서는 안보나 경제 성장에 도움을 받기 어렵다. 게다가 일본은 명실상부한 경제대국이다. 협력을 얻을 수 있는 부분이 많다.

일본의 망언을 그냥 넘겨서도 안 되겠지만 무조건 싸우자는 자세도 현명하지 못하다. '하지 마라' 라고 할 것이 아니라 '하지 않게 만들어야 된다' 는 이야기다. 그리고 우리가 해나갈 일은 힘을 합치고 배울 것은 배워가며 실질적으로 얻을 수 있는 부분을 놓쳐서는 안 될 것이다.

한일 관계는 대단히 중요하다. 그럼에도 불구하고 국익 차원에서 우리는 종합적이고 장기적인 비전을 공유하고 있지 못하다.

'장차 이러한 관계에 놓여서 이러한 실리를 추구할 수 있어야 한다' 는 뚜렷한 목표 아래 일관성 있게 대응을 해야 효과를 볼 것인데, 현재는 일본에서 던진 한 마디, 한 마디에 단발적인 대응만을 하고 있는 형편이다.

북한, 미국, 중국 등과 지향하는 관계에 있어서도 인식의 차가 있고 양국 간의 내셔널리즘도 크게 부딪힌다. 세계 2차 대전에서의 패배와 1990년대에 장기화된 경기침체 등으로 나라를 재건해야 한다는 일본의 내셔널리즘과 일본을 부정하는 것을 애국적인 행위로까지 보는 우리나라의 민족주의가 갈등을 증폭시키고 있다.

이러한 고민으로 일본 탐사를 계획했다. 일본의 현 정치인들을 만나서 이야기를 나눈 후 한일 관계의 현실을 알아보고 미래도 전망해 보고 싶었기 때문이다.

공동 관심사에서부터

2006년 11월 8일, 김포에서 일본으로 가는 비행기에 앉아 미리 준비한 연설문을 꺼내어 읽어보았다. 일본에서의 첫 일정으로 도쿄대에서 강연회가 있었기 때문이다. 몇 번을 읽어보고 생각을 가다듬는 동안 비행기는 벌써 하네다 공항에 착륙했다.

공항에서 곧바로 도쿄대로 향했다. 강연회 장소로 정해진 곳은 도쿄대 캠퍼스의 한가운데 위치한 야스다 강당이었다. 타국의 사람들 앞에서, 특히 일본 최고의 지성들이 모여 있는 도쿄대에서 강연을 한 한국 정치지도자는 김대중 전 대통령이 처음이자 마지막이라고 한다.

시계탑이 있는 웅장한 건물로 일행과 들어서자 야스다 강당이 눈에 들어왔다. 야스다 강당은 도쿄대의 상징이기도 하지만 일본 역사에 있어서도 의미가 있는 곳이다.

1968년 일본 학생운동 조직인 전공투(全學共鬪會議)가 미국과 일본의 제국주의를 타도하고 특권의식을 정면으로 비판하면서 농성을 벌였던 곳이었다. 이것은 일본 사회 내부의 모순을 고발한 혁명적인 사건이었다. 그런 역사적인 장소에서 연설을 하려니 많이 긴장되었다.

무대에 올랐다. 인사를 하고 좌중을 바라보자 큰 박수 소리가 들려왔다. 넓은 강당이 꽤 많은 사람들로 꽉 차 있었다. 예상보다 많은 숫자였다.

강연은 청계천을 비롯해 서울시에서 해온 주요 사업을 소개하면서 기업 경영 마인드를 도입한 공공행정의 성과를 설명하는 것이 주된 내용이었다.

"일본에서는 강연회나 심포지엄에 인원을 일부러 동원하지 않습니다. 꼭 관심 있는 사람만 참석하죠. 어떤 경우에는 국제 심포지엄에 10명 정도가 참여하기도 한답니다. 그런데 오늘은 500명도 넘는 사람들이 참석했으니 꽤나 흥행한 강연인데요."

1부 강연이 끝나고 쉬는 시간을 가졌을 때 동행한 일본 정치 전문가 한 사람이 이렇게 말했다. 나의 인지도 때문에 그런 것은 아닌 것 같고, 제2의 한류 마케팅으로 소개되기도 한 청계천 복원 사업과 대중교통 혁신 프로그램 때문인 것 같았다.

2부는 질의응답 시간이었다. 사람들이 많이 빠져 나갔겠거니 하고 다시 단 위로 올라섰다. 하지만 웬걸, 여전히 강당은 만원이었다.

서울시가 해온 사업, 특히 청계천 복원 사업에 대한 관심이 그만큼 대단했다.

"청계천의 고가도로를 철거하면 그곳에만 관심이 집중되기 쉬운

2006년 11월 8일.

일본 탐사 첫 일정으로 도쿄대에서 강연을 했다.

청계천 복원에 대한 일본 지식인의 뜨거운 관심을 느낄 수 있었다.

데요. 그곳뿐만 아니라 서울숲도 조성하고, 북촌 한옥촌을 만드는 등 환경과 문화를 함께 살리는 일을 하셨습니다. 그것이 모두 통합되어 서울이란 도시가 환경 친화적인 도시로 변화했다고 생각합니다."

"도쿄라는 도시의 변화라면 관동 대지진에 의해 파괴된 도시, 미군에 의해 파괴된 도시들을 고쳐왔다는 것입니다. 하나의 이념을 가지고 도시를 재창조해온 적은 없었습니다. 그런데 한국에서는 그것이 가능했던 것이죠."

"2004년 3월, 청계천 고가도로가 헐렸다는 말을 들었습니다. 그해 12월에 갔더니 버스 전용차로가 생기고 요금 체계는 카드로 다 해결되고, 고가도로 콘크리트는 다 허물어져 있더군요. 그 다음 해에 갔더니 거의 완벽히 복원되어 있었습니다. 올 4월에는 청계천이 복원되어 있었는데, 완벽한 데이트 코스더군요. 어머나 어머나 하고 놀랐죠. 도쿄에서는 생각할 수도 없는 일입니다."

도쿄는 세계적인 도시이고 경제적으로 고도로 발전한 도시다. 곳곳에 도로가 있고 도로 위로 수많은 자동차들이 다닌다. 늘어서 있는 고층 빌딩들과 방음벽들, 이것은 콘크리트로 대변되는 전형적인 도시의 이미지들이다.

서울 역시 그러했다. 하지만 나는 시장으로 취임하면서 서울이 성장형 도시에 머물러서는 안 된다고 생각했다. 소득이 높아지고 생활 수준이 높아지면서 시민들의 욕구는 다른 곳에 집중된다. 쾌적한 생활, 건강한 생활, 양질의 교육환경 등.

시민들의 달라진 욕구를 충족시켜주는 것이 미래형 도시, 세계적인 도시를 만드는 일이었다. 그래서 환경을 생각하게 된 것이다. 서울의 환경을 쾌적하게 변화시키기 위해 여러 가지 사업을 해왔다. 건물을 짓듯 장비들이 동원되는 일이었지만 이것은 환경을 가꾸는 개발이었다. 이것이 바로 친환경적인 개발이고 친환경적인 도시 만들기였다.

변화된 사회 분위기에 따라 일본 역시 쾌적한 도시, 환경이 아름다운 도시에 대한 욕구가 강했다. '친환경적인 도시 만들기', 여기에 한국과 일본의 공통분모가 있었던 것이다.

무엇보다 서울의 변화를 이해하려는 도쿄대 교수들의 관심과 분석이 인상적이었다. 그들은 우리의 변화 의지와 실천 프로그램을 면밀히 분석하고 벤치마킹하기 위해 진지하게 노력했다. 우리의 성과를 홍보하려는 노력이 다소 겸연쩍을 정도로 또 다른 변화를 모색하는 최고 지성인들의 모습에서 일본의 저력을 느낄 수 있었다.

교류가 부족하다

둘째 날 일정으로 자민당의 나카가와 히데나오 간사장과 만났다. 그는 일본 내각의 관방장관을 지낸 바 있는 자민당의 떠오르는 실력자였다. 나는 일전에 스위스 다보스 포럼에서 그를 만나 1시간 정도 즐겁게 대화를 나눈 적이 있었다.

"Nice to see you again (다시 뵙게 돼 기쁩니다)."

우리는 똑같은 영어로 인사를 나눴다.

일본은 올해 7월, 참의원 선거가 있다. 2004년 선거 당시 자민당은 민주당에게 패배한 바 있었다. 그래서 그는 선거에 대한 걱정이 많았다. 그와 선거 이야기를 시작으로 이런저런 이야기를 나누었다.

나는 간사장에게 총리가 아시아 평화 유지와 북한 핵무기를 제거하는 데 힘쓰는 것을 도와달라고 말했다.

"그렇지 않아도 총리는 '새로운 아시아주의'를 표방하고 있습니다. 일본과 한국과 중국이 환경, 경제, 안보 등의 분야에 힘을 합해야 합니다. 어느 한 나라가 이끌어나가는 것이 아니라 서로 동등한 입장에서 공조하면 같이 잘살 수 있을 거라는 입장이지요."

그리고 한국과 일본이 정치가들의 교류가 부족하다는 인식을 공유하게 되었다.

"정치가들 간의 교류가 너무 부족한 것 같습니다. 그래서 한국 정치가들이 일본에 오거나 일본의 정치가들이 한국에 와도 서로 면담하는 것이 쉽지 않지요. 과거와 달리 현 정권에서는 그런 일이 거의 없다고 봐야지요. 젊은 의원들 사이에서는 말할 것도 없고요."

대표적으로 과거에는 한·일의원연맹을 통해 김종필, 박태준 씨 등이 후쿠다 다카오, 다케시타 노보루, 나카소네 야스히로 전 총리 등과 인맥을 가지고 있었지만 현재 그들은 의원직에서 물러나거나 타계한 상태여서 사실상 현재 정치인들 사이에는 인맥 라인이 거의 없었다.

그러다 보니 우리나라 정치인들이 일본에 가면 의례적으로 관청을 방문하고 별 성과없이 일정을 보내야 했다. 정치인들의 교류가 매우 뜸해진 것이다.

최근 독도 문제 때문에 시오자키 관방장관이 우리나라를 방문 적이 있었다. 하지만 그는 반기문 장관과 일본 전문 학자 한 사람과 면담한 후 다시 일본으로 돌아가야 했다고 한다. 정작 정치인들과는 아무런 이야기를 나누지 못한 것이다. 이 얼마나 답답한 일인가.

나카가와 히데나오 간사장의 면담이 끝나고 동행한 일본 정치 전문가와 한일 교류로 이야기를 나누었다.

"교류, 교류하는데 제일 중요한 것은 정치 교류가 아닌가 합니다."

그도 동감의 뜻을 나타냈다.

"일본의 특수한 정치문화인 파벌정치가 사라지고 이제는 일본도 한국과 마찬가지로 전후 세대가 정권을 잡고 있습니다. 노무현 대통령이나 아베 총리만 해도 전후 세대지요. 하지만 전후 세대들 간에는 친분도 없고 교류도 없습니다. 일단 젊은 정치가들부터가 서로 친분을 쌓고 교류해야 합니다. 이성권 의원(38세)이나 고바야시 유타카 의원(42세)과 같은 사람들이 해야 할 몫인거죠."

한일 간의 갈등이 좀처럼 풀어지지 않는 데에는 정치인들의 네트워크가 없다는 것이 큰 걸림돌이었다.

과거사 문제가 불거지면 우리 쪽은 일단 분노를 표시한다. 하지만 이런 감정만 가지고서는 회담을 할 수 없다. 우리 측은 일본 측 의원들이 껄끄러워하지 않을까 조심스러워 문제를 함부로 꺼낼 수 없게 되고, 일본 측에서는 우리 측에서 화를 내고 나올까 봐 좀처럼 만나지 않으려 든다.

이런 상태에서 어떻게 시각차를 좁히고 갈등을 해결할 수 있을까? 멀찌감치 떨어져서 웃는 낯을 겨우 하고 자기 입장만을 이야기해서 어떻게 같이 잘살 수 있겠느냐는 말이다.

이것은 역사 교과서 문제를 해결하는 데 있어서도 마찬가지였다.

"역사 문제는 장기적인 시각에서 풀어야 합니다. 그리고 제도적인 부분이 뒷받침되어야 하고요. 즉, 활발한 협의와 공조 아래 법으로 못을 박아야 더 이상 문제가 생기지 않지요. 물론 '역사공동위원회'라는 것이 있습니다. 하지만 일본 쪽에서 아직 인선이 안 되고 있어요. 그리고 극우파들만 참여하려고 합니다. 양심 있는 학자가 들어오면 도움이 안 된다는 입장까지 보이고 있고요."

그의 말을 듣고 나니 더욱 더 정치 교류가 시급하다는 생각이 들었다. 국회의원들끼리 소통이 활발하다면 지금의 상황까지 가지는 않았을 것이다. 아무리 양국의 입장 차가 극명하다 하더라도 문제에 대해 서로 적극적으로 의견을 나눌 수 있었을 것이다. 그러다 보면 싸우고 부딪힐 수 있게 된다. 그것은 좋은 징조다. 싸우고 부딪히다 보면 인정하고 수긍하는 부분이 생기게 마련이다.

정치가들부터가 많은 토론을 통해 의견 차이를 좁히게 된다면 양국의 입장 차는 당연히 좁혀진다. 이런 식의 네트워크가 형성되면 모든 갈등 문제에 있어서 해결이 쉬워지는 것이다.

그와 대화를 끝내고 내일 일정에 대한 대책 회의에 들어가려 할 때였다. 아베 총리에게서 전화가 왔다.

국민들이 해주었으면 하는 이야기

"내일 오후 12시에 총리 관저에서 뵙겠습니다."

2005년 10월, 아베 총리가 자민당 간사장 대리였을 당시, 서울에 방문했던 아베 총리는 나를 찾은 적이 있었다. 당시 그는 새로운 일본, 새로운 아시아 외교를 구상하고 있었다. 이후 그의 저서 《아름다운, 일본》을 읽어본 뒤 그의 구상을 좀 더 이해할 수 있었다. 총리가 되기 전에는 그의 측근 의원들이 내 사무실에 들러 일본을 방문하게 되면 꼭 만나고 싶다는 아베의 뜻을 전달하기도 했다.

그러나 정책 탐사를 떠나면서 아베 총리를 만날 수 있겠는가 하는 의구심이 주변에서 제기되었다. 내가 공직이 없는 데다, 야당 정치인이기 때문에 총리 입장에서는 만나기가 껄끄러울 것이라는 추측이었다. 그러나 나는 그와의 친분 속에서 신뢰감을 갖고 있었다. 역시 그는 의회가 열린 바쁜 일정 속에서도 나의 방문을 환영해주었다.

일행과 함께 면담 내용을 고민했다. 일단 북핵 문제를 논의해야 했다.

"일본과 우리나라의 인식 차 중에서 북한에 대한 인식 차가 제일 큽니다. 북한 핵실험 파장이 크다 해도 우리나라에서는 아직도 햇볕 정책이 옳다고 보는 입장이 50%나 되지요. 철저하게 조건을 제시하고 지원해야 한다는, 상호주의를 옹호하는 입장이 50% 정도. 강경한 입장을 취해야 한다는 입장은 비율이 아주 낮습니다.

하지만 일본은 국민의 80%가 강경한 입장을 취하여 여러 가지 부분에서 북한을 압박해야 한다고 보고 있지요. 북한이 핵무기를 가지고 있기 때문에 방어하고 압박해야 한다는 명분으로 일본도 핵을 보유해야 한다는 입장이 있습니다. 최근 아베 총리의 측근인 나카가와 쇼이치나 아소 다로와 같은 인물들이 핵 논의는 해도 된다는 입장을 밝힌 바 있습니다."

일본이 북한이 핵을 가졌다는 명분으로 핵무기를 개발하게 되면 중국도 핵무기 증강을 할 것이고 대만도 개발을 하게 될 것이다. 이러한 핵 도미노 현상은 동아시아 지역을 화약고로 만들게 된다. 이것은 유럽 탐사 때 베를린에서 만났던 독일 슈미트 전 총리도 강력히 우려하는 바였다.

과거사 문제도 신중히 생각해보아야 하는 일이었다. 그가 총리가 된 후 첫 대면이었다. 섣불리 이야기를 꺼내었다가 얼굴이 굳어지는 일이 생긴다면 난감할 것이다. 이는 우리나라 대부분의 정치인들이 고민하는 부분이기도 했다.

"이번에는 과거사 문제를 꺼내지 마십시오. 일단 대화의 물꼬를 터놓는다는 데 의의를 갖고 다음번으로 기약하시는 것이 좋을 것 같습니다."

"맞습니다. 지금은 민감한 때이고 하니 때를 보아 좀 더 준비된 상태에서 이야기를 꺼내는 것이 낫겠습니다."

일행들의 의견은 그랬다. 그들의 뜻을 모르는 바는 아니지만 나는 순순히 그 뜻을 받아들일 수가 없었다.

'과거사 문제를 꺼내지 않는다면 일본에 와서 총리까지 만난 의미가 있을까?'

정치인은 국민의 입장을 대변해야 한다. 그리고 껄끄러워질 일이 두려워 말도 못 꺼내는 것은 내 성미에도 맞지 않았다. 한 마디 말에 천 냥 빚을 갚는다고 했다. 어떻게 이야기하느냐에 따라 좋은 결과를 얻을 수도 있었다. 그리고 무엇보다 한 외교 전문가의 뼈 있는 이야기가 자꾸 생각났다.

"제가 보기에는 많은 정치인들이 아무런 준비도 없이 일본에 오는 것 같습니다. 형식적인 절차처럼 말입니다. 와서는 으레 누구누구를 만납니다. 그리고 과거사 문제와 같은 예민한 부분은 그냥 덮어둡니다. 위험 부담이 있으니 말이지요. 그러면 면담 내용이 신변잡기적으로 흐를 수밖에 없습니다. 날씨가 어떻다느니, 건물이 깨끗하다느니 하는, 일반인들이 관광 와서 할 법한 이야기만 하다가는 것이지요. 촌철살인처럼 메시지를 줄 수 있는 정치인의 방문이 필요합니다."

나는 결정을 내렸다.

"내일 면담 때 과거사 문제를 꺼낼 겁니다. 국민들이 해주었으면 하는 이야기를 해야겠습니다. 물론 잘 준비해서 해야겠지요."

"면담 시간은 15분입니다."

관저에는 나와 국회의원 두 사람과 일본 정치 전문가 한 사람, 이렇게 네 사람만 출입이 허락되었다. 준비했던 이야기를 다 하기에는 15분이라는 시간이 턱없이 모자랐다.

아베 총리와 악수를 나누고 자리에 앉아 먼저 꺼낸 이야기는 일본에서 화제가 되고 있는 한류 현상이었다. 나는 평소 한류에 관한 나의 생각을 전했다.

"한류는 일시적인 붐이 되어서는 안 됩니다. 하나의 정착된 문화가 되어야 합니다. 그저 한국에서 일본으로 전해지는 일방적인 문화가 아닙니다. 일본이 한국을 이해하는 통로가 되고, 또한 한국이 일본을 이해하는 통로도 됩니다. 한국과 일본이 서로를 이해하고 교류하는 장(場)이 되는 것입니다."

아베 총리도 아주 밝은 표정이었다.

"한류가 한국과 일본이 서로 문화를 활발히 교류하는 계기가 된다면 좋겠습니다. 그러면 서로를 이해하기 쉬워지고 갈등도 줄어들겠지요."

나는 최근 우리나라를 방문한 아베 총리의 부인 아키에 여사를 생각해냈다. 아키에 여사는 우리나라 문화에 관심이 많아서 한국어도 따로 공부하고 자주 우리나라를 방문한다고 했다. 게다가 한국어는

꽤 수준급이라는 소문도 들었다. 총리 부인의 그러한 관심사와 행보는 한일 관계에 있어 아주 바람직한 일이었다.

"아키에 여사가 한국 문화에 대단히 관심이 많고, 그래서 한국어를 따로 배울 정도라고 들었습니다. 총리 부인부터가 한일 문화 교류에 적극적인 입장을 보이고 있다니, 보기 좋은 일입니다."

한류 이야기를 하는 내내 총리는 기분 좋은 얼굴이었다. 부인의 행동에 대해 긍정적인 반응까지 보였더니 더욱 그런 듯했다.

차를 한 모금 마시고 틈을 둔 후 꺼낸 이야기는 일본 핵무장에 대한 것이었다. 북한의 핵실험에 대한 이야기부터 나왔다. 총리와 나는 부정적인 입장으로 의견을 같이했다.

"북한이 핵무장을 하고 일본은 그것을 견제해야 하는 부담감이 있을 줄로 압니다. 하지만 일본까지 핵무장을 하는 것에는 반대합니다. 일본의 핵무장은 핵 도미노를 불러올 것입니다."

아베 총리는 나의 말에 신중한 표정으로 답했다.

"일본은 비핵화 3원칙을 지켜나갈 것입니다."

그는 비핵화 3원칙을 지키겠다는 뜻을 다시 한 번 밝혔다. 비핵화 3원칙이란 핵을 만들지도 않고 보유하지도 않고 들여오지도 않는다는 3가지 원칙이다.

아베 총리는 공식적으로 이 뜻을 밝힌 바 있었다. 하지만 그의 측근들이 자국의 안위를 위해서는 핵을 보유해도 괜찮지 않느냐는 말을 한 적이 있고 전문가들 역시 여러 가지 해석을 내리고 있어 총리의 발언은 확신을 주지 못했다.

그는 나와의 면담 자리에서 비핵화 3원칙을 공고히 했다. 일단은 환영할 만한 일이었다. 정말 그의 말대로 일본이 핵으로 무장하는 일이 없을 것이라면 말이다. 그러나 그저 정치적 애드벌룬을 띄운 것이라면 사정은 달라진다.

핵무장을 하지 않겠다는 정치적인 입장을 일단 밝혔지만 다른 가능성은 열려 있다. 핵을 제조하지도 보유하지도 도입하지도 않겠으나 대다수의 국민들이 원한다면 핵을 논의할 수도 있을 것이고, 핵무장을 하는 사태까지 갈 수도 있을 것이다. 국민들의 합일된 의견이 핵무장이라고 나오면 아무리 공식적으로 누차 비핵화 선언을 했다 해도 효력이 없는 것 아닌가. 그리고 일본은 일정 시기마다 이것을 외교적 카드로 내밀어 중국과 북한을 압박하고 동아시아를 불안하게 만들 수도 있을 것이었다.

이런 생각에 마음이 개운치 않았다. 하지만 나의 우려에 총리가 모호한 자세를 취한 것이 아니라 비핵화 3원칙을 지키겠다고 분명히 말한 것에 의의를 두어야 했다. 이 문제는 꾸준하고 장기적인 대책이 필요할 것 같았다.

"일본이 그런 입장을 굳게 지킨다면 우리나라도 여러 가지로 일본을 도울 수 있을 것입니다."

핵문제에 대해서는 그 정도로 마무리하고 우리는 서로 웃음을 지어 보였다.

과거사 문제

　총리와의 면담 전날, 아사히 신문과의 인터뷰 자리에서 야스쿠니 신사 참배에 대한 나의 생각을 밝힌 바 있었다. 우리 부모 형제를 죽인 사람을 칭송하는 것을 누가 좋아하겠느냐고 말이다.

　한 마디 말로 천 냥 빚을 갚는다고, 아무리 큰 빚이라도 진심을 담아 사죄하면 사람의 마음을 움직일 수 있다. 일본은 과거사에 대해 사죄를 했다고 하지만 우리나라에서는 그것을 사죄로 보지 않는다. 진심이 담겨 있지 않기 때문이다.

　세계에는 나치에 희생된 수많은 사람들이 있지만 지금까지 독일을 비난하는 나라는 없었다. 그만큼 독일이 전 세계가 공감할 수 있게끔 사죄를 했기 때문이다. 일본도 진심이 느껴지는 사죄를 하고 야스쿠니 신사를 참배하는 등의 행동을 하지 않았다면 우리나라 국민들은 이미 과거를 모두 용서했을 것이다.

　"일본은 대국입니다. 대국에 걸맞은 큰마음을 가져야 하지 않겠습니까."

　아베 총리를 앞에 두고 나는 다시 한 번 그 뜻을 전했다.

　"야스쿠니 신사 참배라든지 독도 문제로 한국과 일본은 갈등이 커져 있습니다. 이러한 갈등을 해결하기 위해서는 한국과 일본이 서로의 입장을 이해하면서 노력해야 합니다. 한국 속담에 '한 마디 말로 천 냥 빚을 갚는다' 라는 말이 있습니다. 큰 빚을 없었던 일로 만들

정도로 진심어린 한 마디가 중요하다는 이야기지요. 일본이 노력한다면 과거사 문제는 잘 해결될 수 있을 것입니다."

총리는 통역의 이야기를 열심히 듣고 나서 역시 신중한 표정으로 입을 열었다.

"아시아 나라들과의 외교를 개선하는 것은 모든 국민들의 뜻이기도 합니다. 아시아 외교를 생각해서 잘해보겠습니다."

이야기는 이 정도 선에서 마무리 지었지만 과거사 문제에 있어서도 총리의 답변은 모호하기만 했다. 고이즈미 전 총리와 달리 아베 총리는 공식적으로 신사를 참배한 적이 없었다. 하지만 곧 분명한 행보를 정해야 할 것이다.

물론 과거사 문제에 대한 구체적인 방안을 논의할 자리는 아니었다. 하지만 마음이 답답해졌다. 이 문제에 실질적인 해결을 보기 위해서는 많은 시간과 노력이 필요할 것이라 생각되었기 때문이다. 갈 길이 멀게만 느껴졌다.

우선 우리나라와 일본 간에 과거사에 대한 활발한 논의가 필요하고, 일본 내에서도 이 문제가 중요하게 부각되어야 할 것이다. 그래서 일본 내의 양심적이고 전향적인 사고를 가진 사람들이 목소리를 높이고 다른 사람들을 설득해나갈 수 있어야 할 것이다.

마지막으로 총리와 문화 교류 못지않게 정치 교류도 활발해야 한다는 이야기를 나누었다. 이 부분에서는 서로 확실한 공감을 형성했고 밝은 표정으로 이야기를 나눌 수 있었다. 공생해야 한다는 대목에

9 国際 12版 2006年(平成18年)11月1

李明博・前ソウル市長に聞く

対北朝鮮「包容政策は修正を」
日韓関係「真摯な言葉が重要」

来年末の韓国大統領選挙の有力候補で、野党ハンナラ党の李明博(イミョンバク)・前ソウル市長(64)は9日、東京都内で朝日新聞と会見した。李氏は大統領選への立候補に意欲をみせ、北朝鮮に対する包容（太陽）政策について「評価できるが、修正は必要だ」と語った。また、日韓関係では、歴史認識問題などを重視する考えを明らかにし、関係改善に向けた日本の真摯(しんし)な取り組みに期待を表明した。（小菅幸一、箱田哲也、牧野愛博）

6月の市長退任後、李氏が日本メディアの会見に応じたのは初めて。

質問に答える李明博・前ソウル市長＝東京都内で、戸村登撮影

北朝鮮の核実験などで韓国内にも批判がある包容政策について李氏は「政策自体は人道主義の観点から肯定的に評価できる。我々は同族だ」と説明。一方で「住民は困窮しているのに政権は核やミサイルを開発しており、政策を修正する必要がある。住民への支援が重要だ」と指摘し、朝鮮半島の非核化に向け、対米関係を含めた国際協調の中で問題を解決していく考えを力説した。

米政府が中止を求める金剛山観光事業については「民間ビジネスとも、南北の平和を維持するための代表的な事業とも言える。北が（事業収入を）軍事に使う疑いがあれば、現金ではなくモノを送ることなども考えなければならない」と語った。また、北朝鮮核問題を解決する手段として「現時点では6者協議を通じた解決が最も正しい」とした。

北朝鮮への対応では「対話も圧力も必要だ。ただ、圧力の方法が国によって多少違う」と分析。「韓国人にとって最も重要なことは戦争抑止だ。圧力は戦争を防ぐためにかけなければならない」と訴え、圧力を強める日本の動きを牽制(けんせい)した。

日韓関係では、現在の盧武鉉(ノムヒョン)政権が重視する、靖国神社参拝をはじめとする歴史認識問題に関して「交流が進んでおり、これらの問題が解決すれば自然に韓日関係はうまくいく」と述べ、引き続き重視していく考えを示した。

日本に対しては「韓日両国だけでなく、アジアの国々が未来に進むために過去の障害を取り除かなければならない。日本には問題解決のために大きな役割がある」「物質的な補償よりも真摯な心からの言葉が重要だ」と語った。また、安倍首相が靖国神社を参拝した場合でも首脳会談に応じるかという問いには「参拝しなければそれでいい」と語るにとどめた。

日本の核保有論議については「一部の議論を全体の意見だと見てはいけない。多くの日本人は核を持つことを望んでいないと思う。日本が核を持てば、北東アジアは最も危険な地域になる」として自制を促した。

大統領選への正式な立候補表明については「まだ少し早い」と明言を避けつつも、「経済を発展させ、国民が幸せに暮らしていけるようにする目標はある。どうすれば国民が豊かに暮らせるのかに関心がある」と意欲をみせた。

李明博氏　慶尚北道の浦項出身。現代建設社長などを歴任し、驚異的な高度成長「漢江の奇跡」の立役者の一人といわれる。6月まで4年間ソウル市長を務めた。中心部の幹線道路を引っぺがして埋もれていた河川を復元、市民の憩いの場に様変わりさせるなど行政手腕が評価され、「最高経営責任者（CEO）型首長」の異名をとった。次期大統領選には朴槿恵・元ハンナラ党代表や高建・元首相らの立候補が予想されているが、各種世論調査では李氏が支持率でトップに立つ。

2006년 11월 10일자 아사히신문 현지 인터뷰 기사.

한일관계 개선을 위해 과거사 문제 등에서

일본측의 진지한 자세가 중요하다고 강조했다.

서는 서로 고개를 굳게 끄덕였다.

시계를 보았더니 어느덧 30분을 넘긴 상태였다. 15분으로 예정되어 있던 면담이 2배로 길어졌던 것이다. 나뿐만 아니라 총리 역시 대화가 유익했던 모양이었다. 이만 가봐야겠다고 하자 총리는 이렇게 말했다.

"혹시 사진이 필요하지 않습니까?"

그가 먼저 신경 써준 덕에 우리는 면담에 참석한 사람들과 즐거운 분위기에서 사진 촬영도 했다.

아직은 먼 나라 일본

비행기 시간 때문에 그만 면담을 마쳐야 했던 것이 아쉬웠다. 공항으로 가는 버스 안에서 나는 그와 술 한잔하면서 속 시원히 이야기 나눌 수 있으면 좋겠다는 생각도 해보았다. 서로 간에 아무런 갈등 없이 진심으로 웃는 날이 왔으면 싶었다.

고도로 개발되고 성장한 도쿄의 도시 풍경을 바라보며 한국과 일본의 관계에 대해 생각을 정리했다.

개발 위주로 성장한 도쿄. 일본도 이제는 환경 친화적인 도시를 바라고 있다. 이러한 관심은 우리나라도 마찬가지다. 이와 같은 공동 관심사를 찾고 그것을 가지고 실리 외교를 해야 한다. 따질 것은 따지되 협력관계를 통해 상호 이익을 취하자는 것이 외교이기 때문이다.

한류도 마찬가지다. 하나의 문화로 정착되어야 한다. 이것은 한국과 일본 간의 교류와 소통을 더욱 도울 것이다. 공동의 관심사와 교류로 서로에 대한 이해도를 높여야 한다. 비슷한 관심사가 있고 좋아하는 것들을 서로 나누고 익히다 보면 친구가 되는 것은 금방이다.

무엇보다 중요한 것은 정치인들끼리 먼저 나서서 친분을 쌓고 소통의 자리를 넓혀야 한다는 것이다. 쉽게 만나서 국가 전반에 관한 이야기를 활발히 나눌 수 있을 정도가 되어야 한다.

양국의 정치인들 사이에서 과거사 문제와 핵 문제, 대북 문제 등이 미리 논의되기 시작하면 공식적인 입장 차도 줄어들 것이다. 그리고 어느 정도 합의된 의견이 결정될 것이다. 이미 수차례 격렬한 토론은 오갔으니 말이다.

갈등을 푸는 데는 특별한 방법이 없다. 많이 대화하고 소통하고 싸우는 것. 그러다 보면 서로의 입장을 이해하게 되고 한 걸음씩 양보하게 될 것이다. 그리고 그 문제가 다시 불거져 나오는 일 없이 제도적으로 못을 박는 일도 중요할 것이다.

'아직은 먼 나라 일본.'

안전벨트를 매고 어느새 깜박 잠이 들었다 눈을 떴는데 이미 비행기는 김포공항 하늘에서 착륙을 준비하고 있었다.

대한민국 하늘이다. 새삼 대한민국을 생각해 본다. 앞으로 백년을 먹고 살 경제 성장 동력은 무엇일까? 우리의 아이들을 위해, 미래를 위해, 희망을 위해 이제 막 첫 걸음을 뗀 것이다. 랜딩기어 소리가 들리며 비행기가 내려 앉는다. 힘차게 땅을 밟으며 나는 저 대한민국 대지의 단단한 중력이 나를 품에 안아주는 걸 느꼈다.

이명박의 흔들리지 않는 약속

초판 1쇄 | 2007년 3월 10일
초판 3쇄 | 2007년 5월 21일

지은이 | 이명박
발행인 | 양원석
편집인 | 김기중
편집장 | 유영준
기획 | 신성식
교정 · 교열 | 책밥
본문 · 표지 디자인 | DESIGN**EVE**
인쇄 | 갑우문화사

펴낸 곳 | 랜덤하우스코리아(주)
주소 | 서울특별시 강남구 삼성동 159 오크우드호텔 별관 B2
편집팀 전화 | 02-3466-8887
판매팀 전화 | 02-3466-8955
홈페이지 | www.randombooks.co.kr

등록 | 2004년 1월 15일 제2-3726호

값 | 12,000원
ISBN 978-89-255-0631-9 (03040)